U0589814

历来古景风采

长城的天险

陈 璞 编著

北方妇女儿童出版社
·长春·

图书在版编目(CIP)数据

　长城的关隘 / 陈璞编著. 一长春 ： 北方妇女儿
童出版社，2017.4（2022.8重印）
　（历来古景风采）
　ISBN 978-7-5585-0935-3

　Ⅰ．①长… Ⅱ．①陈… Ⅲ．①关隘－介绍－中
国 Ⅳ．①K928.77

中国版本图书馆CIP数据核字(2017)第050790号

长城的关隘

CHANGCHENG DE GUANAI

出 版 人	师晓晖	
责任编辑	吴　桐	
开　　本	700mm×1000mm　1/16	
印　　张	6	
字　　数	85千字	
版　　次	2017年4月第1版	
印　　次	2022年8月第3次印刷	
印　　刷	永清县晔盛亚胶印有限公司	
出　　版	北方妇女儿童出版社	
发　　行	北方妇女儿童出版社	
地　　址	长春市福祉大路5788号	
电　　话	总编办：0431-81629600	

定　　价　　36.00元

习近平总书记说："提高国家文化软实力，要努力展示中华文化独特魅力。在5000多年文明发展进程中，中华民族创造了博大精深的灿烂文化，要使中华民族最基本的文化基因与当代文化相适应、与现代社会相协调，以人们喜闻乐见、具有广泛参与性的方式推广开来，把跨越时空、超越国度、富有永恒魅力、具有当代价值的文化精神弘扬起来，把继承传统优秀文化又弘扬时代精神、立足本国又面向世界的当代中国文化创新成果传播出去。"

为此，党和政府十分重视优秀的先进的文化建设，特别是随着经济的腾飞，提出了中华文化伟大复兴的号召。当然，要实现中华文化伟大复兴，首先要站在传统文化前沿，薪火相传，一脉相承，弘扬和发展5000多年来优秀的、光明的、先进的、科学的、文明的和自豪的文化，融合古今中外一切文化精华，构建具有中国特色的现代民族文化，向世界和未来展示中华民族具有独特魅力的文化风采。

中华文化就是中华民族及其祖先所创造的、为中华民族世世代代所继承发展的、具有鲜明民族特色而内涵博大精深的优良传统文化，历史十分悠久，流传非常广泛，在世界上拥有巨大的影响力，是世界上唯一绵延不绝而从没中断的古老文化，并始终充满了生机与活力。

浩浩历史长河，熊熊文明薪火，中华文化源远流长，滚滚黄河、滔滔长江是最直接的源头，这两大文化浪涛经过千百年冲刷洗礼和不断交流、融合以及沉淀，最终形成了求同存异、兼收并蓄的辉煌灿烂的中华文明。

中华文化曾是东方文化的摇篮，也是推动整个世界始终发展的动力。早在500年前，中华文化催生了欧洲文艺复兴运动和地理大发现。在200年前，中华文化推动了欧洲启蒙运动和现代思想。中国四大发明先后传到西方，对于促进西方工业社会形成和发展曾起到了重要作用。中国文化最具博大性和包容性，所以世界各国都已经掀起中国文化热。

中华文化的力量，已经深深熔铸到我们的生命力、创造力和凝聚力中，是我们民族的基因。中华民族的精神，也已深深根植于绵延数千年的优秀文化传统之中，是我们的精神家园。但是，当我们为中华文化而自豪时，也要正视其在近代衰微的历史。相对于5000年的灿烂文化来说，这仅仅是短暂的低潮，是喷薄前的力量积聚。

中国文化博大精深，是中华各族人民5000多年来创造、传承下来的物质文明和精神文明的总和，其内容包罗万象，浩若星汉，具有很强的文化纵深感，蕴含丰富的宝藏。传承和弘扬优秀民族文化传统，保护民族文化遗产，已经受到社会各界重视。这不但对中华民族复兴大业具有深远意义，而且对人类文化多样性保护也是重要贡献。

特别是我国经过伟大的改革开放，已经开始崛起与复兴。但文化是立国之根，大国崛起最终体现在文化的繁荣发展上。特别是当今我国走大国和平崛起之路的过程，必然也是我国文化实现伟大复兴的过程。随着中国文化的软实力增强，能够有力加快我们融入世界的步伐，推动我们为人类进步做出更大贡献。

为此，在有关部门和专家指导下，我们搜集、整理了大量古今资料和最新研究成果，特别编撰了本套图书。主要包括传统建筑艺术、千秋圣殿奇观、历来古景风采、古老历史遗产、昔日瑰宝工艺、绝美自然风景、丰富民俗文化、美好生活品质、国粹书画魅力、浩瀚经典宝库等，充分显示了中华民族厚重的文化底蕴和强大的民族凝聚力，具有极强的系统性、广博性和规模性。

本套图书全景展现，包罗万象；故事讲述，语言通俗；图文并茂，形象直观；古风古雅，格调温馨，具有很强的可读性、欣赏性和知识性，能够让广大读者全面触摸和感受中国文化的内涵与魅力，增强民族自尊心和文化自豪感，并能很好地继承和弘扬中国文化，创造未来中国特色的先进民族文化，引领中华民族走向伟大复兴，在未来世界的舞台上，在中华复兴的绚丽之梦里，展现出龙飞凤舞的独特魅力。

天下第一关——山海关

重开天险——居庸关

目录

三晋门户——娘子关

在我国东北部的渤海湾内，有一座长约4千米的小城，整个城池与长城相连，以城为关。它的城墙高14米，厚7米，由四座主要的城门组成，还有威武雄壮的箭楼、靖边楼、临闾楼、牧营楼、威远堂、瓮城、东罗城等建筑。这就是有着"天下第一关"之称的山海关。

山海关在明朝正式建关，是明朝军事防御体系的重要组成部分。山海关是明长城东北第一座重要关隘，它贯穿了明朝270多年历史，一直是明朝的防御重地。

山海关

明代将军和军师奉旨筑关

　　1368年，明太祖朱元璋以应天府（就是后来的南京）为京师，建立了大明王朝。此时，元朝残余力量虽然退居漠北，但仍有相当大的势力。

■ 山海关镇东楼

为了防止元朝残余力量南下侵扰，1381年，朱元璋下了一道圣旨，让大将军徐达和军师刘伯温到京城以北的边塞之地围城设防，且两年之内必须完成。

徐达、刘伯温二人领旨后，便带着人马，即日起程，很快就到了边塞。两人骑马登高瞭望，寻找筑城的地方。

要讲筑城，徐达是外行，他只会带兵征战，冲锋陷阵。至于围城设防，他不如刘伯温。刘伯温上知天文，下知地理，学问很大。

徐达站在高处一看，连说："这真是好地方，好战场！"

刘伯温却一声不吭。第三天，二人骑马又来到这里，徐达又连声说："好地方，难得的好地方啊！"

刘伯温还是一声不哼。第四天，徐达、刘伯温二人骑马又来到这里，徐达又连连说："好战场啊，好战场！"

刘伯温还是不吭一声。徐达见状不解，忙问："军师，我二人领命来此围城设防，一连三天，你一言不发，到底为什么？"

"为了大明江山！还为了你，也为了我。"

徐达不解地问："此话怎说？"

刘伯温用马鞭指了指前方说："元帅，你看，北

■ 明太祖朱元璋雕像

圣旨 我国古代皇帝下的命令或发表的言论。是我国古代帝王权力的展示和象征，其轴柄质地按官员品级不同，有严格区别：一品为玉轴，二品为黑犀牛角轴，三品为贴金轴，四品和五品为黑牛角轴。书写圣旨的材料十分考究，均为上好蚕丝制成的绫锦织品，富丽堂皇。圣旨两端则有翻飞的银色巨龙作为防伪标志。

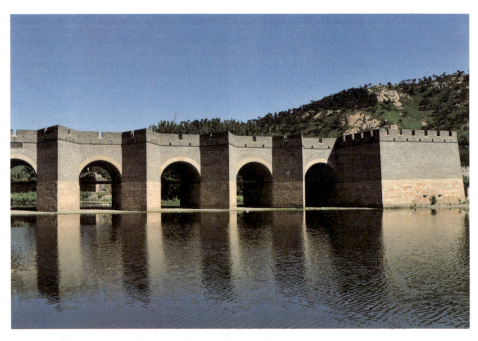

■ 山海关夏季景色

边燕山连绵，南边渤海漫天，在此筑起雄关，真可谓一夫当关，万夫莫开啊！"

徐达素知军师谋略高，就问："你想修座什么样的关呢？"

刘伯温说："这座城要比别的地方的城都要大要高，要城连城、城套城、楼对楼、楼望楼，筑一座铁壁金城。"

刘伯温又用马鞭朝四周一指，说："元帅，这里既是个好战场，又是个好居处。你看，这里土地肥沃，气候温和，真是个安家定居的好地方呀！"

徐达一听恍然大悟，想起军师说的为了自己的话，他是连连叫好。当日回营，二人连夜画图，第二天便派人送往京城。朝廷准奏，立刻动工。整整干了一年零八个月，关城竣工了。

这天早朝，朱元璋一看徐达、刘伯温回来了，就问："二位爱卿回京，城池可筑成了啊？"

徐达、刘伯温二人出班奏道："托圣上洪福，已经建好了。"

朱元璋又问："可曾命名？"

徐达、刘伯温二人一听，都愣住了。二人想，当时降旨，只叫筑城，未让命名呀！徐达心直，刚一张嘴，只见刘伯温跨前一步说："臣等未敢妄动，只是那座城，南入海，北依山，真可谓山海之关，万岁圣明，请恩示吧！"

朱元璋一听，把手一摆，高兴地说："好，好，就叫山海关！"

从朝里回来，刘伯温随徐达到了徐府，他对徐达说："我不能再在朝为官了，我得走了。"

徐达忙问："干啥去？"

刘伯温（1311－1375年），名刘基，字伯温，浙江文成县人。元末明初杰出的军事家、政治家及文学家，通经史、晓天文、精兵法。他以辅佐朱元璋完成帝业、开创明朝并尽力保持国家的安定，因而驰名天下，被后人比作诸葛武侯。在文学史上，刘基与宋濂、高启并称"明初诗文三大家"。

005

天下第一关

山海关

■ 坚固的山海关城墙

■ 徐达雕像

伴驾 指陪伴皇帝，一般多是指皇帝的近臣。

刘伯温说："我本是山野道人，还是云游四海去吧！"

徐达不解，连忙说："你我随皇上南征北战，刚定江山，如今又修了山海关城，可谓劳苦功高，本该享荣华富贵，这么走了，皇上知道后是不会奏准的啊！"

刘伯温说："差矣！万岁如让咱共享荣华，就不会派咱俩去边塞筑关城了，也不会只给两年期限了。你我若不接旨，就性命难保了；接旨若不按期完工，就犯欺君之罪了；若筑成私下命名，属目无皇上；而今未敢命名，也属办事不周，这只是刚刚开始呀！"

徐达大惑地说："军师，你是说……"

刘伯温手一挥，说："兔死狗烹，鸟尽弓藏。帝与臣，可与共患难，不可共富贵的例子还少吗？"

刘伯温一席话，说得徐达目瞪口呆，好久徐达才说："军师，你一走了之，我怎么办？"

刘伯温说："你不能走，你要随朝伴驾，无论何时，不要离开万岁左右。就算万岁赶你，你也不要离开。另外，你的孩子不能留在京城，让他们到山海关那个地方去吧！那里城高池深，不受兵刀之苦，即使烽火连天，此处进有平川，退有高山，是用武之地。"

徐达说："就照军师的话做，明天我就叫小儿去山海关。"

正说着，闯进一员大将，姓胡名大海。他在帐外听到了徐、刘二人谈话，进屋就嚷道："元帅，我与你出生入死，驰骋疆场，如今公子要去山海关，我也打发一个孩子随他同行吧！"

话音没落，大将常遇春又来了。刘伯温素知眼前这三位是生死之交，就把事情原委告诉了他们。常遇春也坚持打发一个孩子同去山海关。

不久，刘伯温告老还乡，徐达按刘伯温所言，寸步不离皇上，才保全了性命，而胡大海、常遇春等开国元勋却没有好结果。

再说，徐达、胡大海、常遇春的3个儿子到了山海关，定居安家。后来，这三家的后代，在山海关城里修了徐达庙、城东北修了胡家坟、城西南修了常家坟，都立了石人、石马、石牌坊。

牌坊 我国古代为表彰功勋、科第、德政以及忠孝节义所立的建筑物。也有一些宫观寺庙以牌坊作为山门，还有用来标明地名的。牌坊也是祠堂附属建筑物，昭示家族先人高尚美德和丰功伟绩，兼有祭祖功能。

阅读链接

据说，徐达和刘伯温到山海卫建城设防时，选了很多地方都不如意。一天，正当两人为建城地址发愁时，突然飞来一只金凤凰叼起徐达部队大旗一直往西飞去。

徐达立刻派兵勇追赶，一直追到了一个地方，只见大旗已牢牢插在了山丘之上，任凭兵勇怎么拔大旗也不动。

这时，徐达和刘伯温赶到了。刘伯温绕大旗转了一周后哈哈大笑，徐达却一头雾水。

刘伯温说："这只金凤凰是神鸟，这里正是宝地，离山不远，离海亦近，在此修长城，南伸入大海，北跃上角山，中间留下一个关口，真可谓一夫当关，万夫莫开。"

后来，徐达和刘伯温便在此地建成了著名的山海关。

历代王朝的兵家必争之地

其实，早在春秋战国末期，山海关就是重要的战略要地。在当时，秦王嬴政派大将王贲率军追击燕王喜，从山海关一直追到了辽东襄平。

山海关曹操诗作《观沧海》崖刻

秦王朝建立后，秦始皇曾连续出巡，视察边疆。公元前215年，秦始皇东巡碣石。碣石山坐落在昌黎县城北，有大小上百座连绵起伏、奇险峻峭的峰峦，顶尖呈圆柱形，远望如碣似柱，极像直插云霄的天桥柱石，因此得名"碣石"。

秦始皇到达碣石时，便派人在碣石山上刻下了"碣石门" 3字，并修建了城郭和堤防等。秦始皇在此拜海，先后派卢生、侯公、韩终等两批方士携带童男童女去海上求仙，寻求长生不老药。

后来，清朝官修地理总志《大清一统志·永平府·临榆县》中记载：

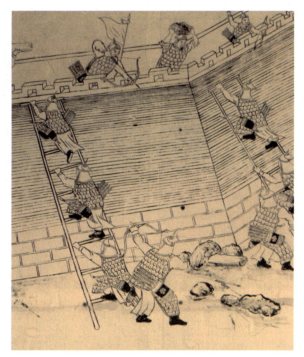

■ 古代长城攻防图

　　秦皇岛，在临榆县西南二十五里，入海一里，四面皆水。相传秦始皇尝驻跸于此。

临榆县在明代属永平府，境内建制卢龙县、抚宁县、昌黎县、永平卫、山海卫。在1737年，清朝廷在山海关增设临榆县。因此，山海关在古代也称榆关，也作渝关，又名临闾关。

1878年，地方志《临榆县志》对秦皇岛的描述比

城郭 也称城墙。城指内城的墙，郭指外城的墙。从春秋直至明清，除秦始皇的咸阳外，其他各朝的都城都有城郭之制。一般京城有三道城墙：宫城、皇城或内城、外城；府城有两道城墙：子城、罗城。城郭分为三里之城、七里之郭：内城叫"城"，外城叫"郭"。

■ 山海关长城

较详细：

秦王岛，距城西南二十五里，山脉由东转西，插入海中，横压水面，远望形如卧蚕，海阳镇之水口山也，上有观音寺。

从秦代以后，历代帝王将相都把这里看成兵家必争之地。汉武帝在公元前110年时"行自泰山，复东巡海上，至碣石"，并在此筑有汉武台。

魏武帝曹操在207年征伐乌桓时，在回军途中，东临碣石，写下了流传千古的诗篇《观沧海》：

东临碣石，以观沧海。

水何澹澹，山岛竦峙。

树木丛生，百草丰茂。

秋风萧瑟，洪波涌起。

日月之行，若出其中；

星汉灿烂，若出其里。

幸甚至哉，歌以咏志。

409年，北燕国君冯跋在龙城（就是后来的辽宁朝阳）称帝，他派游击将军褚匡率领移民5000余户，

汉武帝（前156年~前87年），刘彻，大汉王朝第七位皇帝，政治家、战略家。他开创了西汉王朝最鼎盛繁荣的时期，那一时期亦是我国封建王朝第一个发展高峰。他的雄才大略、文治武功，使汉朝成为当时世界上最强大的国家，他也因此成为我国历史上伟大的皇帝之一。

水运到"辽西临榆",登陆到龙城。

553年10月,北齐军北伐回师时,文宣帝登碣石山观看大海。在这期间,北齐军从秦代戍边的西北地方开始,沿燕山山脉修筑长城到这里入海。

598年,隋朝汉王杨谅出征高丽时,也曾到临榆关。614年,隋炀帝出征高丽时,也到榆关驻军。

唐太宗李世民出榆关征伐时,曾几次登临碣石观沧海,并在此吟诗与群臣唱和。

645年,唐太宗出征高丽,在回师途中祭吊阵亡将士时,又飞驰临榆关,会见了太子李治,并观海咏诗《春日望海》:

披襟眺沧海,凭轼玩春芳。

积流横地纪,疏派引天潢。

仙气凝三岭,和风扇八荒。

拂潮云布色,穿浪日舒光。

汉武台 汉武帝为求仙所筑的高台。在河北沧州。其地俯临大海,长澜接天,巉岩峻石,颇为壮观。当年,汉武帝刘彻到古燕地来观海时,见海中有奇石屹立,视为奇观,并在此修建汉武台以观海。面积约为5000平方米。

■ 山海关南海口关

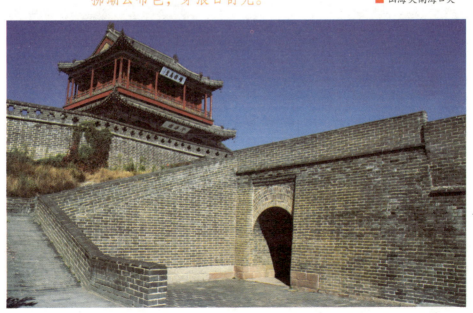

中原 为中华民族、中华文明、中原文化的发源地，万里母亲河黄河两岸，千里太行山脉、千里伏牛山脉东麓，在古代被华夏民族视为天下中心。广义的中原是以中原洛阳、开封、商丘、安阳、郑州、南阳、许昌七大古都群为中心，辐射黄河中下游的广大平原地区。狭义的中原即指天地之中、中州河南。

照岸花分彩，迷云雁断行。

怀卑运深广，持满守灵长。

有形非易测，无源讵可量。

洪涛经变野，翠岛屡出桑。

之罘思汉帝，碣石想秦皇。

霓裳非本意，端拱且图王。

我国唐代著名边塞诗人高适曾在《燕歌行》的一诗中写道：

汉字烟尘在东北，汉将辞家破残贼。

男儿本自重横行，天子非常赐颜色。

枞金伐鼓下榆关，旌旗逶迤碣石间。

校尉羽书飞瀚海，单于猎火照狼山。

■ 山海关城墙上

917年，契丹攻陷渝关，为了方便向中原进军，便毁关夷险，还将山海关一带划入契丹管辖，并设迁州、润州，有渤海国遗民在此垦荒。

宋朝时期的山海关，是辽金的移民重地，辽金曾在这里设迁州，为安定移民思乡情绪，一度将昌黎县改名望都县，将卢龙和迁安一带改名安喜县。

1368年，在河北长城以南的陡河以东地区设置平滦府。1371年，改平滦府为永平府。因为多次经历兵灾，永平府境内的人口稀少。这一年，徐达在北平操练兵马，他上奏皇帝，命都指挥使潘敬等人迁徙到永平府一带屯戍。

这是明代第一次大移民，移民大多安置在永平一带州县。移民们来到燕山以南的平原旷野，需要高山险隘或边墙作为屏障，才能避免蒙古骑兵的骚扰。

1373年，在东北的蒙古兵进犯明朝燕山以南的抚宁县，明朝廷便把抚宁县城迁到了洋河西。后来蒙古兵进犯瑞州，明朝廷又撤销了瑞州，并将瑞州百姓迁到了滦州。这样，永平府东部的广阔地区就没有了关隘。

1380年，元兵入侵，明军指挥刘广战死。千户王

■ 山海关上的古炮

契丹 我国古代东北地区的一个少数民族。自北魏开始，契丹族就开始在辽河上游一带活动，唐末他们建立了强大的地方政权，唐灭亡的907年建立了契丹国。后改称辽，他们统一了我国北方。辽末女真族起事，辽帝国迅速走向灭亡，1125年为金所灭。

辖分兵在迁民镇、界岭口设下埋伏，堵截元兵归路。

明军又从燕河营出兵夹击元兵。元兵退走，到达迁民镇时，进入了明军的埋伏圈，元兵统领或被俘、或逃遁。这次大捷，引起大将军徐达对迁民镇战略地位的重视。

迁民镇在隋唐设的渝关东4千米，北面是大山，南面是大海，东面山岭环绕，西面石河环绕，形势险要，简直是天造地设。

1381年，明太祖朱元璋批准徐达修筑北边长城。徐达经过多次实地勘验和精心规划，并创造性地利用了"就地取材、士卒担纲、粮为财源、军民同舟"这一科学方案，发动十余万边卒开始构筑明长城的庞大工程。

工程历时一年有余，关城建筑初现规模。于是，徐达把迁民镇改为山海关。山海卫辖一万户，南至海边，北至寺儿峪。自从修筑关隘后，在明初的一百多年间，蒙古兵不再袭扰边墙东段了，永平府的百姓得以享受太平生活了。

山海关鼓楼

山海关的城墙内部是土筑，外用砖砌。城四面均有关门，"东曰镇东，西曰迎恩，南曰望洋，北曰威远，俱设重建"。城建有水门3个，居东南、西南、西北三隅，以泄城中积水。城外四周设有护城河，平时泄水，战时防敌。

　　整个城布局为四方形，周围长4.3千米，城高14米，厚7米，关城与长城交接处城墙顶宽15米，可"十人同行，五马并骑"。

　　山海关城四门上各筑有箭楼，后来南、西、北门箭楼被毁了，只存东门箭楼，即"天下第一关"城楼。此外，在东面城墙上，还筑有临间楼、威远堂、牧营楼、靖边楼，均为防卫所用，与"天下第一关"城楼五座建筑，雄居山海关城东城之上，素有"五虎镇东"之称。

■ 山海关东侧的临间楼

护城河 亦称为濠，是一种人工开挖的壕沟，注入水，形成人工河作为城墙的屏障。一般是古代环绕整座城、皇宫、寺院等主要建筑的壕沟。具有防御作用，一方面维护城内安全；另一方面阻止攻城者或动物的进入。护城河内沿筑有"壕墙"一道，外通壕暂，内为夹道，大大提高了护城河的防御作战能力。

■ 山海关牧营楼

据《山海关志》记载：

临闾楼在东城上接东罗城北角处。因建
东罗城接连关城，虑有不测，特置楼设军。

临闾楼与东罗城同期建成，是拱卫山海关城的防
御性建筑，清以后逐渐废弃。后来的临闾楼是后人为
了纪念它而建。

临闾楼坐落于一长方形城台上。城台面阔25米，
台高10米。临闾楼建筑面积119.52平方米，楼高10.22
米。为五脊歇山单檐顶，砖木结构。楼东、北、南三
面辟有20个箭窗，战时弓弩手居高临下，凭窗射敌，
威力极大。

威远堂即为东北角楼，它位于山海关城的东北
角，与位于山海关城东南角的靖边楼互为辅助，遥遥

五脊歇山 我国
古建筑的屋顶形
式的一种。在我
国古代建筑里，
起脊的硬山式、
起脊的悬山式和
庑殿式建筑有五
条脊，分别为正
脊、垂脊、戗
脊、围脊、角
脊。其中最顶上
的水平方向的脊
为正脊。由于正
脊两端到屋檐处
中间折断了一次，
分为垂脊和戗
脊，好像"歇"了
一歇，故名歇
山顶。

相对。

据《山海关志》记载："威远堂始建于明初。明初徐武宁建关时欲于此建楼，与南角楼并峙。"后因徐达进京未归，工程中途停止。1565年，主事孙应元在角楼旧址上建立了"威远堂"。

威远堂战略防卫地位非常重要，历代都对其进行过不同规模的修葺。清代以后，由于长城在军事战略上的地位逐渐丧失，威远堂也渐渐被废弃，后来仅存遗址。

牧营楼据《山海关志》记载："牧营楼在东城上，接东罗城南角处，与临闾楼同为镇东楼的配楼。"以后被废弃。

后来的牧营楼是人们为了纪念此楼阁而建，后来的牧营楼城台为四棱形，台面阔21米，台高11米，南北与主线长城相连。

■ 山海关东南隅的靖边楼

牧营楼建于城台之上。建筑面积118平方米，楼高10.5米，单檐歇山瓦顶，两层砖木结构，楼上辟有20个箭窗，易守难攻。

靖边楼亦称东南角楼、东南台，位于山海关城的东南隅，是山海关城的防御性建筑。

据清嘉靖十四年（1535）版的《山海关志》中记载，靖边楼始建于明初，在1587年和1611年时分别重修过。清嘉庆十年（1805）改建为奎光楼，亦称奎星楼。

后来的靖边楼重建时，基本上是仿明式建筑。整个楼体建于一个宽阔的城台上。

靖边楼城台主台体面阔43米，高11米，上建有30个垛口、26个射眼。城台中部内侧有宽9米的东西向马道与山海关城内相通，紧贴城墙一侧还设有宽2米的142步砖制台阶供行人上下。明初建时，是为了一旦战事来临，兵士可及时登城就位，迎击敌人。

城台之上是靖边楼，靖边楼是两层砖木结构，平面呈曲尺形，总面积658.4平方米，楼高13.47米，歇山式九脊重檐顶。楼内上下两层有木梯相通。楼上有箭窗56个，檐桁枋心，仿明式彩绘，庄重古朴。

为了防御体系的完备，明代官员在山海关关城的城东、西门之外，还各筑有东罗城、西罗城，城南城北还筑有南翼城、北翼城，城西门处还建有瓮城，东门外有城堡、烽火台等多处。

其中，东罗城据《临榆县志》中记载：

东罗城傅大城之东关外，高二丈三尺，厚丈有四寸，周五百四十七丈四尺，门一，在城东，即关门，为东西孔道。建楼于上曰"服远"。水门二，角楼二，附敌楼七。明万历十二年，主事王邦俊、永平兵备副使成逊建。

初设三门，清康熙四年移关时，通判陈天植、都司孙枝茂、守备王御春重修。因

马道 我国古代建于城台内侧的漫坡道，一般为左右对称。坡道表面为陡砖砌法，利用砖的棱面形成涩脚，俗称"礓"，便于马匹、车辆上下。马道多见于较高边坡和施工过程中垂直面上，其功用主要有保证边坡稳定、保证施工期间的正常交通。

■ 山海关古城钟鼓楼

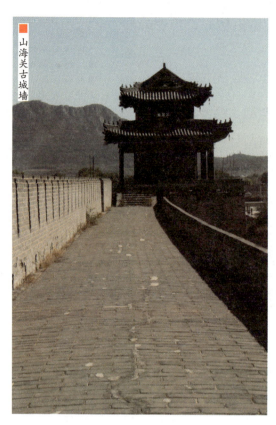

山海关古城墙

塞南北二门，即以东门为关门。旧设敌楼，今废。环城为池，周四百有二丈九尺。

保存到后来的东罗城城池占地24平方千米，东罗城周长约2千米，其中东城长395米，置关门1座、敌楼2座、角楼2座。

西城为长城主线，长589米。南城长439米，置南门1座、水门1座、角楼2座。北城长622米，设北门1座、水门1座、敌楼3座。

东罗城城墙平均高度8米，墙面面宽3.2米，城墙为条石基础，三合土夯筑，外壁包青砖，内壁有毛石垒砌的，也有夯筑的。

据说，东罗城初建时设置三座城门，上建"服远楼"。城门之上有一石匾，上镌刻"山海关"3个字，因年久风化，字迹已不甚清。

东罗城城门之外有一长方形瓮城护卫。1665年，守备王御春重修罗城时，砌塞南北两门，以服远门为关，成为罗城唯一的通道。

东罗城内只有一条东西向主干道，名为东罗城大街，全长523米，是关内外的必由之路。因此历史上称之为"两京孔道"。在大街的两端，即关城东瓮城外，护城河桥东，建有"辽海咽喉坊"一座。

东罗城大街两旁布有枝状的尽端式街巷。巷内曾建有东岳庙、三官庙、天齐庙、关帝庙等。明代中叶建立的东罗城，主要作为关城的防御堡垒，大多用以屯兵、存放武器弹药等。

另外，在东罗城的城墙上有不少青砖砖脊上烧制有当年参加筑城的单位和时间的文字。这种带有文字的砖就达9种，分别为："万历十二年真定营造""万历十二年德州营造""万历十二年建昌车营造""万历十二年燕河路造""万历十二年乐亭县造""万历十二年抚宁县造""万历十二年卢龙县造""万历十二年迁安县造""万历十二年滦州造"。

从这些有文字的砖可以看出，当时参加修筑东罗城的既有营、路，又有州、县，动用了大批军队将士和地方民夫。

西罗城据《临榆县志》中记载：

西罗城，傅大城之西关外，明崇祯十六年，巡抚朱国栋请建，工未毕，通改革中

万历（1573年~1620年），明神宗朱翊钧的年号，明朝使用万历这个年号一共48年，是明朝使用时间最长的年号。明神宗，汉族，明穆宗第三子。隆庆二年，立为皇太子，时方6岁。隆庆六年，穆宗驾崩，10岁的朱翊钧即位，次年改元万历。在位48年，是明朝在位时间最长的皇帝。

■ 山海关鼓楼

■ 雄伟壮观的山海关

巡抚 我国古代的官名，又称抚台。我国明清时地方军政大员之一，巡视各地的军政、民政大臣。清代巡抚主管一省军政、民政。以"巡行天下，抚军安民"而名。清代巡抚是一省最高军政长官，具有处理全省民政、司法、监察及指挥军事的大权。

止。门一，在城西，曰"洪宸"。

城未建时，即有拱宸楼，不知何年始建。因土筑易圮，明万历二十四年副将杨元改用砖石。"今"拱宸门"及西罗城均毁。

南北翼城，分别距关城南、北1千米，建筑形制相同。据《临榆县志》中记载，南北翼城城墙均高"二丈有奇"，城"周三百七十七丈四尺九寸"，城南北各有一门，为"明巡抚杨嗣昌建"。由于历史的变迁，到后来，这两座翼城皆毁，仅存残址。

除了东罗城、西罗城，以及南北翼城之外，在山海关关城中心，还有一座高9米、方约17米、穿心四孔的钟鼓楼，此楼后来破烂不堪，后人便把它拆除了。

在关城东1千米的欢喜岭上，还筑有一座威远城，相传为明山海关总兵吴三桂所筑。后来还有一段遗址，周长614米。此城地处要害，遥控四野，与关城成掎角之势。

当年，明朝正是有了这些防御工事，这样，山海关城及其附近军事设施，便构成了古代军事建筑群，才有了"山海关关山海"之势。

1385年，徐达于应天府病逝，年仅54岁，他被追封为中山王。徐达一生骁勇有谋，善治军，战绩及筑边功勋永远彪炳史册。

为此，到明代嘉靖年间时，山海关兵部分司主事陈绾便在他的《显功庙》中写道：

太傅提兵出塞还，更因渝塞起渝关。

石驱到海南城堞，垒筑连云北倚山。

辽水至今来鞑靼，蓟门终古镇斔颜。

岁时伏腊犹祠庙，麟阁勋名孰与班？

显功庙奉祀的是明开国元勋大将军太傅中山王徐达。此诗以炽烈的激情歌颂了徐达修筑山海关并建山海卫的丰功伟绩。

萧显题字"天下第一关"

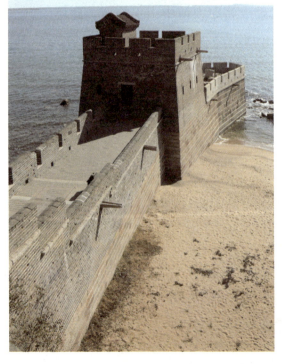
■ 海边的老龙头长城

山海关是由七座城堡、十大关隘和长城上众多的敌台、墩台组成的古代建筑群，整个关城结构严谨，功能明确。

明长城的东起点老龙头与大海交汇，碧海金沙，天开海阔，气势磅礴，雄关高耸，素有"京师屏翰、辽左咽喉"之称，与关城相连的角山长城蜿蜒曲折，烽台险峻，风景如画。

山海关关城上的东城箭楼，高高耸立在长城之上，就像一员威武不屈的战将，守卫着整个关城。在这个箭楼上挂有一块长5.9米、宽1.6米的匾额，上面题写着"天下第一关"5个大字。

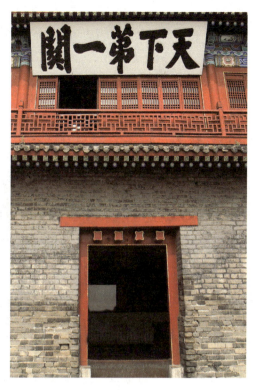

这5个大字笔力苍劲、古朴，有雄视四海之意，又有艺盖八荒的雄风。这个世上罕见的书法出自何人手笔呢？

有人说这5个大字是晋代书法家"书圣"王羲之所写，还有人说是明朝大奸臣严嵩所写。其实，这两种说法都不正确。

■ 山海关"天下第一关"匾额

王羲之是晋代书法家，而山海关修建于明朝洪武年间，前后相差900多年。严嵩是明代中期人，在他当道时，天下第一关已建成100多年，这时"天下第一关"匾额早已悬挂好多年了。

真正书写"天下第一关"匾额的，其实是明朝34位书法大家之一，山海关的本地人萧显。萧显在1437年出生，少年时勤奋好学，他曾经在山海关附近的一所寺院读过书。1459年，他考中了举人。

1472年，萧显参加殿试，并获得二甲进士。明朝廷任命他为兵科给事中，让他辅助明英宗处理奏章。

萧显在任职期间，一直不肯趋炎附势，表现得耿直刚正，让朝廷的权贵非常嫉恨。后来，明朝廷又派萧显到云南的一个县担任同知，他同样得到了老百姓

箭楼 我国古代周围有远望、射箭窗孔的城楼。古代武器落后，城门又是唯一的出入通道，因而这里是封建统治者苦心经营的防御重点。箭楼一般设在城楼正中，正面和两侧设有方形窗口，供射箭用。

■ 明代山海关图

的拥护。

1488年，萧显又被朝廷派到衢州（也就是后来的浙江衢县）当官，任期时对老百姓非常照顾，深得当地百姓拥戴。

1492年，萧显不想当官了，于是给朝廷上疏，乞求回家养老，朝廷批准了他辞职。于是，萧显回到山海关，在城北的角山后面盖了几间房子，过上了隐居生活，并给自己院子起了个名字叫"围春山庄"，院子旁边还建了墨香、荫秀两个亭子。

回到家后的萧显，天天沉醉在诗、书、酒里，自娱自乐了20多年。在这期间，他的书法艺术也达到了炉火纯青的地步。

这时候，山海关"镇东"城楼已经修好100多年了，但一直没有与之相称的匾额。明朝皇帝朱见深亲笔下旨，要在山海关东门城楼上悬挂一块题为"天下第一关"的匾额，一来可以为山川日月增辉，二来也可以为大明帝国壮威。

镇守山海关的兵部主事接到圣旨后，不敢怠慢，首先派人攀上东门箭楼，丈量好尺寸，并找了4个出名的木匠，做了一块长5.9米、宽

1.6米的巨匾。

望着这块巨匾，兵部主事却不知道让谁来写。这时有一个部下说，能写此匾的人就住在山海关的"围春山庄"，此人就是鼎鼎大名的书法家萧显，并说萧显楷书、草书、隶书、篆书样样精通。

第二天，兵部主事携带礼品登门拜访萧显，并说明来意。萧显笑笑说："我乃赋闲之人，不过练笔养生，实难担此重任。"

兵部主事看到萧显婉言谢绝，连忙躬身揖礼，并说道："萧大人，您是德高望重的清官，又是远近闻名的书法家，书写此匾额非您莫属，如果您今天不答应，我就不走了！"

萧显沉思半晌，才勉强应允。不过他也提出了条件："让我写这块匾，时间恐怕较长，你们不必催我，心急肯定写不好。"

兵部主事 我国古代的官职名称。兵部是我国古代的官署名，主要是掌管选用武官及兵籍、军械、军令等，兵部的最高长官是兵部尚书。主事是兵部里掌管其中一方面的官职，掌管各省的地图、武职官的叙功、核过、赏罚、抚恤以及军旅检阅、考验等各方面事项。

■ 山海关兵部衙门

■ 萧显（左）塑像

宣纸 亦被称为"千年寿纸"，产于安徽泾县，起于唐代，历代相沿。宣纸具有易于保存，经久不脆，不会褪色，"韧而能润、光而不滑、洁白稠密、纹理纯净、搓折无损、润墨性强"等特点，是我国最能体现艺术风格的书画纸。由于宣纸有易于保存、经久不脆、不会褪色等特点，故有"纸寿千年"之誉。

兵部主事见好就收，连连答应："可以可以，请萧大人看着办就是了。"

兵部主事原以为，就这5个字，即使两天写一个字，10天也写完了。可他回到衙门20多天了，萧显那边一点信儿也没有，但有言在先，还不能催呢！

兵部主事想来想去，他想了一个办法，就让手下人备了熏鸡、烤鸭、点心和水果等，还派了两名亲信给萧显送去。

到了晚上，送礼的回来禀报说："萧大人正在练字，书房里贴着历代书法名家的真迹墨宝，桌上地下都是写过的宣纸。"

兵部主事心想也没有别的办法，只好再等等。这一等，转眼又过去了20多天。兵部主事又着急了，忙又派人把一些绫罗绸缎和一匹骏马给萧大人送去，意思是请萧显快马加鞭。

时间不长，送礼的人回来报告说："萧大人正在院子里练武功，十八般兵器，刀枪剑戟，斧钺钩叉，技法十分娴熟。"

兵部主事一听，有些莫名其妙。无可奈何，只好说："再等等吧！"

谁知道一转眼又过去了20多天。兵部主事这回真是沉不住气了，忙让手下人备好文房四宝——笔、墨、纸、砚给萧显送去。

时间不长，送礼人回来，禀报说："萧大人正在书房里吟诗。"

兵部主事忙问："萧大人都在吟什么诗？"

手下人赶紧回复："萧大人在吟'大弦嘈嘈如急雨，小弦切切如私语，嘈嘈切切错杂弹，大珠小珠落玉盘'，什么'来如雷霆收震怒，罢如江海凝清光……'"

029

■ 华丽壮观的山海关城楼

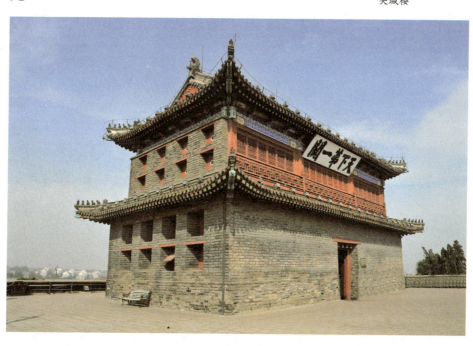

公孙大娘 公孙大娘是唐玄宗统治时期，在唐朝宫廷里舞剑舞得最好的人。她善于舞剑，舞姿精彩绝伦，所有人看了之后都为之倾倒。她善于创新，在继承传统剑舞的基础上，又自己独创了很多种剑舞。

总督 明清时地方军政大员。因职责不同，又分为专务和地方两种。专务总督有总督粮储、总督河道、总督漕运等称呼，地方总督多是因为边防任务而设，以军务为主。

■ 山海关城楼局部

兵部主事又问："萧大人收到四宝后怎么说？"

手下人回复兵部主事：萧大人看了看礼物说："回去转告你家大人，再过一个月就可以写匾了。"

兵部主事听了这话是又急又气，怎么还要一个月？但也实在没有办法，只好还得等待。

可是事情发生了变化。第二天，兵部主事就收到快马急报，新任总督三天之后替皇上视察悬挂匾额一事，要求一切事项必须准备停当，不得有误。

这下可把兵部主事急出汗来了，他无奈之下，只能命人抬着巨匾和墨汁，来到"围春山庄"里。

兵部主事见到萧显寒暄几句之后，拱手施礼说："下官今遇急难，务必请萧大人伸手帮助，下官永世不忘。"

萧显忙问其中的原因，兵部主事便把总督要前来视察之事告诉了萧显。萧显听罢点了点头，又摇了摇头，很无奈地说："看来今天这匾是非写不可了，写就写罢！"

于是萧显让人把匾靠在墙上，匾下边又垫上几块砖。他亲自从书房取来一支如椽之笔，将笔放在墨汁里润得饱满，在匾前轻踱小步，屏息静气，凝神细息，静观默察，犹如思接千载，视通万里。

只见萧显拿笔就和公孙大娘舞剑一样，把全身力气灌注到胳膊上，再由胳膊灌通到手腕上，直到笔端，起笔像飞燕掠食，落笔如高山堕石，有快有慢，又稳又准，言不出口，气不盈息，手随意运，笔与手会，一气呵成，入木三分。

兵部主事在一旁看着，竟然入了迷，心想，练武的讲究"身剑合一"，功夫不到不行，功夫不纯更不行。像萧显这样，身随笔行，笔动身移，也是"身笔合一"呀，这下子可真开眼了。

正看得入迷，就听耳旁有人说："献丑，令大人见笑了。"

兵部主事抬头一看，萧显汗流满面站在匾前，匾上"天下第一关"5个大字墨迹未干，墨香缕缕，笔道法足，超然旷绝……

兵部主事见此连忙拱手向萧显道谢，祝贺并称赞说："萧大人所

山海关箭楼

题此匾秀处如铁，嫩处如金，朴而自古，拙而自奇，骨重脉和，浑然天成，真不愧为当代书坛巨擘呀！"

萧显听后又摇头又摆手，带着惋惜的神情说："兵部大人过奖了。我本想写得更好些。"

"为了这5个字的形体结构，我先用一个月的时间，精研了前代著名书法家的碑帖墨迹；为了增加腕力，我又用一个月的时间练习兵器，这两步是做到了。"

"可是我想这匾是要悬挂在山海关这座著名雄关上，字体端正有力是不够的，它必须具有神韵，应该骨在肉中，趣在法外。就是说匾上的字应该突破那块木匾，既要力透纸背，又要离纸欲飞……为了达到这种地步，我用诵读古人诗词来开阔胸襟，陶冶性情。可惜呀，这点没能做到！"

兵部主事听了这番话才明白萧显为什么不肯在短期内写匾的原因了。不过他对刚写好的5个大字也是非常满意，连连说："很好很好，依我看此，匾定能传于后世，光照千古啊！"

第二天上午，兵部主事让士兵挂好匾额，然后又率众官兵在山海关城东门前的"悦心斋"酒楼盛宴款待萧显。说了一会儿话，喝了一会儿酒，大家又一起下楼去欣赏匾额。

大家望着箭楼上的新匾，都交口称赞，这时大家也发现了一个问题，就是"下"字少写了一点。众人不知道怎么回事，都在议论。

这时一个士兵气喘吁吁地跑到大家前面，低头禀报说："前来替皇上视察匾额的总督已到城外的欢喜岭了。"

众人忙向萧显看去，只见萧显不慌不忙，一副胸有成竹的样子。

萧显命身边的书童端来墨盆，让人从酒楼找来麻团抹布捆好，浸在墨盆当中，待全部浸透，用二尺见方的棉布包好，用尽平生力气，将墨团向"下"字投去，只听"膨"的一声，"下"字一笔不缺了。

兵部主事和众人惊得目瞪口呆，半晌说不出话来。等大家清醒过来，止不住异口同声地称赞："萧大人真是巧夺天工啊！"

阅读链接

传说在重修山海关时，主持工程的知府一时找不到写匾额的人，心里十分着急。有人推荐了一位秀才。可是，因为这个秀才家里非常穷，知府便有些瞧不上他。这个秀才听说此事后，就决定以后不帮知府题字。

不久，重修山海关的工程完工，只等写匾额了。知府便把秀才的几位朋友请来，要他们轮流去请秀才帮忙写饭店招牌。一人写"天天饭店"，另一人写"下榻佳处"，让大家暗中把"天下第一关"几个字藏在招牌里面，到时候再剪出来拼在一起就行了。

秀才不知是计，就帮朋友们写了招牌，可当他写到最后一块带有"关"字的招牌时，突然想到了知府的计谋，便再也不帮大家写字了。

最后，知府只好另外请了一个人写了"关"字。

但这最后一个字的样子，远看还可以，近看就明显配不上前面几个字。为此，山海关匾额就流传下"远看山海关，近看山海门"的传说。

抗倭英雄戚继光整修关隘

戚继光塑像

明代时，虽然将军徐达和军师刘伯温奉旨建成了山海关，但是由于年代已经久远，到了明朝隆庆年间时，抗倭英雄戚继光又重新修缮了山海关，并维修了角山长城，完善了明代长城的防御体系。

当时，东南沿海的倭寇，在戚继光和其他明朝军队的打击下，败退到海上，短时间内不敢再侵扰了。朝廷看到倭患已除，便把主要精力放到北方的防务上。

到1567年时，蒙古部落的

■ 长城城墙

首领俺答带领蒙古骑兵，屡次到山海关等长城一带侵扰。蒙古骑兵常常到蓟州、昌黎、抚宁、乐亭、卢龙一带抢夺当地老百姓的粮食和财产，老百姓们非常害怕，他们的生命财产也遭受了严重损失，边境形势非常严峻。

看到情况不断恶化，朝廷紧急商议对策，于是调两广总督谭纶、福建总兵戚继光、广西总兵俞大猷到北方来整顿边防部队。

1569年，戚继光被任命为蓟镇总兵，镇守蓟州、永平、山海关一带。他对待蒙古骑兵的观点是："必须驻重兵以挡其长驱，而又乘边墙以防其出没，方为完策。"

戚继光看到长城守卫部队疲弱不堪，战斗力低下，就先调他以前的下属率3000多名戚家军北上密云郊外待命，随后充实到山海关防线，又陆续调来

两广总督 古代官名，全称为：总督两广等处地方提督军务、粮饷兼巡抚事，是清朝九位高级的封疆大臣之一，总管广东和广西两省的军民政务。两广设置总督，始于1452年，然而这一建制在当时尚不稳定，到1465年才成定制。在明代，督抚是中央派出的钦差大臣。

长城的关隘

■ 老龙头长城

悬眼 我国古时城守的一种设备。据古书上记载,此设备在每个垛口当中,自城面平为孔,高九寸,约砖三层……必有此悬眼,贼远则瞭之,垛口铳矢射之;贼近,我兵不出头,以身藏垛下,于悬眼内下视。攻城者虽有铳矢无所施,若到城下,一见无遗,即将矢石铳子火桶掷之,无不可者。

南方兵2万多人,这样使山海关一线的防务充实了起来。

戚继光是个坚韧不拔的人,他一面不断加强练兵,改良武器,一面修复城墙,来挡住蒙古骑兵。

戚继光把在台州抗倭时的经验应用到了这里,在长城上依山就势地修建了大量的空心敌台。他不辞劳苦,亲自拟定筑台规则,在台州所筑敌台的基础上加以改进创新,至1581年,他防守的地方共建1448座空心敌台,这些敌台进可攻,退可守。

戚继光认为长城不够牢固,他参考台州城在城墙两侧用砖石包砌增加牢固的经验,大规模地用砖石包砌长城,也就是用经过修整的石条为基础,墙体内外用青砖包砌,一直至顶,白灰勾缝,内部用三合土,保障墙体坚固耐久。

同时,他又完善了长城的附属设施,增建很多的垛墙、悬眼等设施。在墙外削偏坡、挑壕堑、挖土坑，减弱敌人的攻击能力。

通过这些措施，就构成了一个城墙高峻、敌台林立、烽堠相望、完整而坚固的防御工事体系。

这座防御工事的东起点叫老龙头，距离山海关城南4千米。明朝时的长城横跨崇山峻岭，如一条巨龙伸入渤海，所以这个地方就称作"老龙头"。老龙头由入海石城、靖卤台、南海口关和澄海楼组成。

据说，老龙头的入海石城就是戚继光为了防止蒙古骑兵趁退潮或冬季枯水季节从海边潜入，动员士兵修建的。

关于修建入海石城，还有一个动人的传说。

相传，过去在老龙头脚下，一个挨着一个，扣着无数的大铁锅。这是怎么回事呢？

老龙头入海20多米，修起来实在太难了。1500多名士兵，只能等着海水落潮，才能抢上去修一次。

烽堠 又称烽火台、烽燧，俗称烟墩、墩台。古时用于点燃烟火传递重要消息的高台，系古代重要军事防御设施，是为防止敌人入侵而建的，遇有敌情发生，则白天施烟，夜间点火，台台相连，传递消息。是最古老但行之有效的消息传递方式。

■ 老龙头入海石城

■ 老龙头军营

太监 也称宦官，通常是指古代被阉割后失去性能力而成为中性人的人，他们是专供皇帝、君主及其家族役使的官员。又称寺人、阉人、阉官、宦者、中官、内官、内臣、内侍、内监等。据记载，我国先秦和西汉时期的宦官并非全是阉人，而是自东汉开始，才全部用的阉人。

可是大海无情，三天一涨潮，五天一落潮，城墙修不多高，潮水一冲，砖头石块，七零八落，修一次，垮一回，不知修了多少天，只弄得无数生命葬身海底，戚大人也一筹莫展了。

当时的皇帝听到有一些大臣在议论戚继光的事，说戚继光修32关，设3000敌台，铸2500千克一尊的铁炮，真是劳民伤财。皇上就派了一个太监做钦差到山海关监军。

这位太监来到山海关，才知道戚继光在山海关南海上正修"老龙头"，立刻马不停蹄，直奔山海关而去。

山海关全城的乡绅耆老拜见钦差大人，并禀告钦差大人："敌兵常从海上越境，老龙头千万不能半途而废。"

钦差大人说："圣旨期限三天，金口玉言，谁也改不了。"

戚继光听到这个消息后怒气难消，知道限期三天是假，想借口定罪是真。虽然个人的去留无所谓，但老龙头还没有修完，这是一桩最大的心事。

牵挂着国家安危和百姓生命的戚大人，心中正在闷闷不乐。忽然门帘一挑，一个老汉进了屋。

这老汉是跟随戚大人的一名火头军。只见老汉把米饭、咸带鱼摆上八仙桌，说了声："大人不必为此烦恼，待用完饭后，我再回禀，或许对修老龙头能有所帮助。"

原来，老汉请求戚继光下令，明天全军在海滩上埋锅造饭。

第二天，戚继光传令全军，在退了潮的大海滩上搭锅造饭。只见海滩上炊烟四起、火光一片。一顿饭工夫，忽然海上丈高巨浪，铺天覆地涌上岸来，众军士一看，丢锅弃碗，早逃得无影无踪。

过了三天三夜，大潮退去了，海上又恢复了平静。戚大人去察看城基，竟依然立在原地，心中甚觉

钦差 钦差大臣的简称，是明清时一种临时官职。钦，意为皇帝，钦差即是皇帝差遣之意，因此钦差大臣是由皇帝专门派出办理某事的官员。因为代表了皇帝本人，所以其地位十分了得。担任该官职往往都是皇帝信得过的高官，能得此职事本身也是一种荣誉。一般事毕复命后，该官职便取消。

■ 长城景观

■ 山海关老龙头海神庙

歇山重檐 我国古代建筑屋顶的一种形式。歇山顶亦叫九脊殿。除正脊、垂脊外，还有四条戗脊。正脊的前后两坡是整坡，左右两坡是半坡。重檐歇山顶的第二檐与庑殿顶的第二檐基本相同。整座建筑物造型富丽堂皇。在等级上仅次于重檐庑殿顶。

奇怪。这时，老汉走过来，指着周围沙滩上一个挨一个的圆东西，让戚大人看，原来是做饭用的铁锅扣在沙滩上。

老汉说："这锅扣在沙滩上，任凭风吹浪打，不移不动。"

老龙头工程终于按期完成，但戚继光仍被朝廷明升暗降，调往广东去了。

虽然戚继光被调走了，但是由他主持修建的，位于山海关城南的防御工事老龙头却一直保存下来。

老龙头由入海石城、靖卤台、南海口关和澄海楼组成。其中，最为著名的建筑当属有"长城连海水连天，人上飞楼百尺巅"之称的澄海楼。它既是老龙头的制高点，也是观海的胜地，高踞老龙头之上。

澄海楼高14.5米，面宽15.68米，进深12米。楼分为两层，砖木结构，歇山重檐瓦顶。楼上有一块匾额："雄襟万里"，为明代大学士孙承宗所题。

另外一块匾额"元气混茫"和一副楹联：

日光用华从太始，

天容海色本澄清。

据说，这块匾额后楹联都是后来的清代乾隆皇帝御笔亲题。

澄海楼两侧的墙壁上还镶着多通石碑，上面镌刻着几位帝王和众多文人学士登楼时所吟诵的诗词。

老龙头不仅是伸入大海、建造十分机巧的军事设施，而且是万里长城中唯一兼有关、山、海、色等诸多景观的绝佳之处。

登上老龙头的澄海楼俯身下望"入海石城"吞吐海浪，激起飞涛如雪；极目远眺，海天一色，巨浪奔涌，气吞海岳，使人心襟大开，豪情满怀。更为奇特的是，有时海面上风号雷吼，浊浪排空，岸上风声阵阵，木摇草伏，而登上澄海楼观海的人却静寂不觉，这便是名闻古今的"海亭风静"胜景。

传说夜间登楼还有可能欣赏到"沧海明珠"的奇观。夜深风静之

老龙头长城

时，澄海楼面对的大海上，会忽然间群星璀璨，光芒四射，犹如出现了一个闪烁的灯市，五彩纷呈，令人陶醉。

据说，这是因为老龙头一带海里盛产大蚌，众多大蚌一张嘴时露出腹中的珍珠，就形成了这种不可多见的奇景。

澄海楼前有一通古碑，高2.65米，宽0.7米，上面只有4个赫然大字——"天开海岳"，字体浑厚古朴，遒劲苍郁。

这4个字将老龙头一带海阔天高、山岩耸峙的磅礴气势描绘得淋漓尽致。

阅读链接

据说，当年，戚继光修建好明代长城防御工事后，为了检验修城练兵的效果，戚继光在1572年借朝廷检阅的机会，在蓟州的中心地带汤泉组织了16万士兵参与的防御入侵的演习，历时20天，规模空前，成绩巨大。

通过这次大检阅、大演习，充分展示了守军高昂的士气、精湛的战法、严密的防守，也展示经戚继光修建的长城敌台在防御上的重要作用，是戚继光军事思想的一次成功实践。

居庸关是长城上的著名古关城。关城所在的峡谷，属太行余脉军都山地，地形极为险要。它与紫荆关、倒马关、固关并称明朝京西四大名关，其中居庸关、紫荆关、倒马关又称内三关。

居庸关历史悠久，早在原始社会时期就有人类活动的迹象。春秋战国以来，因其地理位置的重要性，一直都是兵家必争之地。

汉代以来，居庸关正式建立关口，成为中原政权与关外游牧民族激烈争夺的目标，在无数次王朝更替中起了不可替代的作用。

重开天险

居庸关

始建于战国时期的雄关

■ 居庸关长城

据说，在三四千年以前，轩辕黄帝征伐蚩尤，两军在河北的涿鹿、阪泉之野，曾发生过一场决定胜负的恶战。战争的结果是蚩尤战败被杀，黄帝随即对其臣民进行了收编，别其善恶，分别迁居到一个叫"邹"、一个叫"屠"的地方。

邹，古音读"聚"，屠，古音读"居"。由于年代久远，诸多氏族杂居，加之同音异字流传，这个叫"屠"的地方便有了"居庸

■ 居庸关城楼

山"，后来又有了"居庸塞"。

到春秋战国时期，分裂出许许多多个诸侯国，这时，位于居庸塞的地方属于诸侯国中的燕国。

公元前663年，燕国为了防止北边东胡的骚扰，便利用居庸塞等地的天然隘口，在居庸塞的附近修建了一条燕北长城。这样一来，居庸塞便第一次作为长城的关隘而存在了。

但是，这个居庸塞第一次出现在我国古籍上，是在公元前247年，当时，战国末期的政治家吕不韦在他亲自主持编撰的《吕氏春秋·有始》中这样记载：

天有九野，地有九州，土有九山，山有九塞。

何谓九塞？大汾、冥阨、荆阮、方城、肴、井陉、令疵、勾注、居庸。

东胡 我国东北部的一个古老游牧民族。自商代初年至西汉，东胡存在了大约1300年的时间。东胡、濊貊、肃慎被称为古东北三大民族。东胡语言属阿尔泰语系。东胡是一个部落联盟，包括了当时族属相同而名号不一的大小部落。

由此可见，"居庸"之名早在战国时期便有了，而且，在秦始皇统一六国之前，居庸塞就已经存在了。

居庸关正式设立关城的历史最早可追溯至汉代据《汉书·地理志》中记载："上谷郡居庸有关。"

此外，后来在内蒙古和林格尔发掘出了一座汉代古墓，墓内壁画上有一幅居庸关的画面，上面有"居庸关"3字，字的周围还描绘出了当时关内外人来人往、车水马龙的一片繁荣景象。

这说明在1900多年前的汉朝，居庸关不仅已经出现，而且在经济、贸易、交通运输方面已经非常发达。

另外，虽然居庸关最早作为长城的关隘而存在是在战国时期的燕国，但是，它最后与秦始皇时修建的万里长城连接在一起却是在后来的五代十国时，那是446年和555年。

当时，北魏和北齐分别派上百万的人在居庸关一带修筑长城。这条长城长达450千米，自古代的幽州至恒州，并由居庸关往东把长城修到山海关。自此，居庸关才与真正的万里长城相合，并成为长城上的重要关口。

■ 居庸关长城

靠山环水居庸关

　　居庸关长城所在的峡谷，属太行余脉军都山地，位于距北京50余千米外的昌平区境内。此地地形极为险要，为此，居庸关关隘自古为兵家必争之地。它有南北两个关口，南名"南口"，北称"居庸关"，为北京西北的门户。

　　居庸关两旁，山势雄奇，中间有长达18千米的溪谷，俗称"关沟"。这里清流萦绕，翠峰重叠，花木郁茂，山鸟争鸣。绮丽的风景，有"居庸叠翠"之称，被列为"燕京八景"之一。

阅读链接

　　关于居庸关的名称由来，古人曾认为，秦始皇于公元前215年遣大将蒙恬领兵30万北伐匈奴，收复河南地之后北筑长城。

　　秦始皇将囚犯、士卒和强征来的民夫徙居于此，取"徙居庸徒"之意，故名居庸关。也就是说，居庸关因居住过修筑长城的人，才有了这一名称。

　　另外，在北齐年间，居庸关还曾被命名为"纳款关"，唐代时也被称作居庸关、蓟门关、军都关等。

元代时建成居庸关云台

　　1271年，忽必烈正式建国号为"大元"。1272年，忽必烈在大都（也就是后来的北京）定都。在定都大都以前，忽必烈把开平（也就是后来的内蒙古自治区锡林郭勒盟正蓝旗境内）作为上都。

　　这时候，元世祖统领下的疆域辽阔，包括后来的内蒙古高原地带都是元朝的国土，所以居庸关一带就不是防御重点了。这里变成了元

■ 居庸关长城

■ 居庸关城楼

朝皇帝往返于大都和上都的重要通道。

　　据古籍上记载："每岁至驾行幸上都，并由此途"，也就是说，元代的皇帝每年都要回内蒙古家乡看看，而且都要经过居庸关。

　　作为皇帝经常走的跸路，居庸关内的关沟峡谷20千米的山路得到一定程度的修整。在这一时期，居庸关的经济、文化出现了一个飞跃。

　　与此同时，元朝皇帝还把居庸关作为自己的行宫，使这里的建筑有了空前的发展。当时，居庸关内建有花园、寺院和皇帝住宿的地方，并在峡谷的南北口建了两道大红门，作为居庸关的南北大门。

　　另外，在居庸关南北两口，还设了千户所，后来又改成万户府，驻兵3000人，主要是用来檄巡盗贼。

　　据《顺天府志》记载：一次，元顺帝路过居庸关时，看到这里的山川拱抱的形状，想到祖先打江山的

元世祖（1215年~1294年），字儿只斤·忽必烈，蒙古族，元朝的创建者，是监国托雷的第四子，他在位期间，建立了幅员辽阔的统一的多民族国家，是蒙古族卓越的政治家、军事家。在位35年，谥号圣德神功文武皇帝，庙号世祖。

辛劳，于是就在两山之麓建一个"西域浮屠"，在下面通道路，可以过行人，意思是希望塔下经过的人受到佛法的保佑。

元朝文人熊梦祥写的《析津志》上这样记载：

> 至正二年今上始命右丞相阿鲁图，左丞相别儿怯不花，创
> 建过街塔。在永明寺之南，花园之东，有穹碑二，朝京而立，
> 车驾往还驻跸于寺，有御榻在焉。其寺之壮丽，莫之与京。

可见，元代时，居庸关已经有了一个规模宏大的建筑群，其中就有过街塔，气势宏伟的永明寺、穹碑、花园等，还有像棋盘一样排列整齐的房舍和皇帝及随行人员居住的宫室建筑。

不过，随着时间的推移，居庸关内这些宏大的建筑群，最终由于各种原因已经不复存在了，仅有过街塔的基座保存至今。

这座基座也被称为居庸关云台，坐落在居庸关关城之内，始建于1342年，1345年落成。云台上原矗立着三座藏式佛塔，俗称过街塔，

塔北有寺，名永明寺，在元末明初时被毁。

1439年，人们在云台基座上又重新建造了一座寺院，名安泰寺，该寺于1702年又全部被毁，后仅存过街塔的基座。

基座部分即是云台，它全部是用大理石砌筑而成，平面为东西向矩形，底部东西长26.84米，南北深17.57米，台顶部东西长24.04米，南北深14.73米。台体的中间开一南北向券洞，高7.27米，宽6.32米，券洞的顶部用五边折角的砌筑方法砌筑而成，上面保存有精美的元代石雕。

台顶部有两层，底部出挑石平盘上刻云头，下刻兽面及垂珠图案，顶部四周的石栏杆、望柱头、栏板及向外挑出的螭头均保持元代的风格。

券门及券洞内两壁上镌有极珍贵的元代遗物。

其中，券门两旁刻有交叉金刚杵组成的图案，以

■ 盘旋而上的居庸关长城

长城的关隘

■ 历史悠久的居庸关
券洞

券门 本指门窗、桥梁等建筑成弧形的部分。在古代，由于平时不少士兵是守在城下的，一旦有战事发生，即要登城参加战斗，所以在长城内侧每隔不远就建有一个圆拱形小门，称作"券门"，有石阶通到城墙顶上。

及象、龙、卷叶花和大蟒神，正中雕金翅鸟王等。券洞内两壁及顶部遍刻佛像，佛像造型生动，雕刻技艺高超。

据专家考证，这些石刻雕像具有典型的藏传佛教萨迦教派的特征。

券门两壁刻有四大天王像，这是整个浮雕群中最醒目的部分，各高2.75米，宽3.65米左右，身材魁梧、气势威猛。

四大天王手中所持物品为剑、琵琶、伞和蛇，在佛经中分别寓意风、调、雨、顺。作为护法神，天王被塑造成威武而森严可怖的形象。

天王都身躯魁梧，身穿战袍和盔甲，手中拿着利剑，面目凶恶，满脸横肉，眉头紧锁，不怒自威。天王坐在高台上，左右两边分别侍立着鬼卒和武士，脚下还有两个小鬼，突出了一种威严的气势和力量感。

从细节上看，天王战袍上的飘带上下翻飞，动感十足，是这件作品中最精彩的部分。

云台券门两壁四大天王的空间处，还有用梵、藏、八思巴、畏兀儿、西夏、汉6种文字镌刻的《如来心经》经文、咒语、造塔功德记等。

西夏文是纪录我国古代党项族语言的文字，创制于1036年至1038年间，当时有6000多字流行。八思巴文是元世祖忽必烈命其帝师八思巴创立的蒙古新字。它脱胎于藏文，采用拼音的方式书写，并于1269年颁诏推行。

以上两种文字流传时间很短便废弃不用，而居庸关云台上保存下来的石刻文字对破译古代文字，以及研究西夏、蒙古历史都提供了非常珍贵的实物资料。

云台券门顶部还刻有5个曼荼罗，即五组圆形图案式佛像，佛界称其为坛场。坛场的设立有保护众佛修炼铁、防止魔众侵犯的意思。五曼荼罗的主尊佛像，由北往南依次为：释迦牟尼佛、阿弥陀佛、阿

曼荼罗 也叫坛城，在古代印度，原指国家的领土和祭祀的祭坛。但是现在一般而言，是指将佛菩萨等尊像，或种子字、三昧耶形等，依一定方式加以配列的图样。又译作曼拏罗、满荼罗、曼陀罗、漫荼罗等。意译为坛城、中围、轮圆具足、坛城、聚集等。

■ 居庸关浮雕

居庸关景色

佛、金刚手菩萨、普明菩萨。

其中，除释迦牟尼为佛祖之外，其他四菩萨在此显现，则有四方教主的意思。五曼荼罗连同其他佛像，共197尊。

云台券门顶两侧的斜面上，还刻有十方佛，在每方佛的周围还分别刻有小佛102尊，共计小佛1020尊，取共千佛之意。

据说，这些小佛刻画，是明朝正统年间，修建泰安寺时，由镇守永宁的太监谷春主持补刻的。连同十方佛下的菩萨、比丘，券顶两侧共有刻像1060尊。

此外，在云台券门的南北券面上，还雕刻着一组造型独特的造像，其中有大鹏、鲸鱼、龙子、童男、兽王、象王等，佛界称其为"六拿具"。

大鹏寓意慈悲，鲸鱼为保护之相，龙子表示救护之意，童男骑在兽王上自然是寓意福资在天，而象王则有温驯善师的含意，券面最下端的石刻纹饰为交杵，又称羯魔杵、金刚杵。原本为古印度的一种兵器，在此为断烦恼、伏恶魔，护持佛法的法器。

从整体来看，居庸关云台浮雕对人物的刻画细致入微，动静结合，刚柔相济，堪称元代雕刻艺术的精品之作。

当年，为元朝皇帝修建的行宫，以及过街塔等建筑修成后，这些建筑与居庸关附近的峰峦、山川、树木互相辉映，形成皇家驻跸的胜地，成为盛极一时的地方。

阅读链接

居庸关云台上的四大天王石刻是护持佛法，镇守国家四方的尊神。

据说，明朝正德年间，武宗皇帝朱厚照微服出游，夜间骑马偷偷混出居庸关时，他的坐骑见到四大天王像，吓得不敢前行。无奈之下，武宗下令用烟火把四大天王像都熏黑了，才得以出关。

明代大将主持重建关城

1368年，朱元璋在南京建立了明朝，成了明代的第一位皇帝。

此时，朱元璋虽然建立明朝，但是元朝的都城大都仍然在元朝最后一位皇帝元顺帝的手里。

为了能够顺利地攻下元大都，朱元璋派出自己的大将军徐达等人率领大队人马从元大都旁边的重要关隘居庸关攻入。

元顺帝知道自己大势已去，便带着他的太子和后妃从皇宫的建德门逃出来，从居庸关逃往上都开平。

居庸关城楼

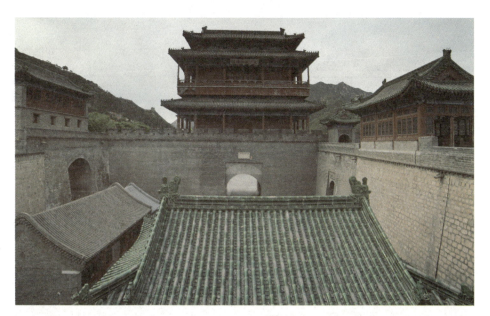
■ 居庸关城楼远景

随后，徐达等人一鼓作气攻下了元大都。明朝大军攻下了元大都，从此建立起了对全国的统治，元朝统治者退出了中原，又回到了蒙古草原。

但是逃回旧地的蒙古贵族，依然不断南侵，对明朝的地域进行骚扰。为了防止他们的侵扰，明朝皇帝朱元璋派出部下，加强了对蒙古贵族进入中原的重要关隘居庸关的建设和巩固。

1370 年，朱元璋派开国元勋徐达修筑了居庸关城，这是明代修建长城关隘最早的记载。

关于这段历史，在明朝的巡关御史王士翘的《西关志》一书中有清楚的记载：

> 洪武元年，徐达、常玉春北伐燕京，元主夜出居庸关北遁，二公遂于此规划建立关城……东筑于翠屏山，西筑于金柜山，南北两面，筑于两山之下。

巡关御史 明代官职。明朝中央政权设有监察机构即都察院，下属有十三道监察御史。监察御史在京城都察院者称内差，若奉命外出，或巡盐，或巡漕，或巡关，称外差。监察御史奉命外出巡视关防者，即为巡关御史。明代的巡关御史主要巡视山海关至龙泉关一带，目的在于加强宣府至大同以及北京一带的防备力量。

居庸关云台过街塔

这里的"洪武元年"便是指1368年。由此可见，居庸关从明代起，又恢复了它的军事战略地位。

历史上，自汉朝起，居庸关关城就已经颇具规模。南北朝时，关城建筑又与长城连在一起。此后历唐、辽、金、元数朝，居庸峡谷都有关城之设。

这道关城又称蠮螉塞、军都关。蠮螉，即土蜂，又称细腰蜂，关上筑土室以候望，如蠮螉之掇土为房，故名。

不过，由于年代的久远，原来的关城早已经由于各种原因而毁灭，为此，由徐达将军等人所规划的关城，便是一座重建的建筑。

据说，徐达将军等人规划建成的关城，是很大的。古书记载："跨两山，周一十三里，高四丈二尺。"这座著名的关城一直保存至今，并成为居庸关主要的建筑之一。

居庸关关城建在40米的关沟中部，扼守南北交通要道。其关城建设巧妙利用了"两山夹一水"的地理环境。关城主要建筑，建在"云台"北、西、南侧。

长城作为军事攻防屏障，沿西侧金柜山、东侧翠屏山建设。南、北跨河道段用长城连接。西山相对高度351米，东山相对高度150米。长城围绕关城呈圆周封闭型建筑形式。

当年，居庸关关城建立后，明朝廷又在此地置守御千户所。

几年后，明朝为了彻底孤立元朝残余势力，又将大量大漠以北的人迁到长城以内，并认为当时具有战略意义的关城有4个，而居庸关就是其中之一。

1404年，明朝又在居庸关置卫，下领千户所5处，以作为明朝京城北京的北面固防。

到1423年，明朝的第三位皇帝明成祖朱棣第四次亲征，战胜回师，11月4日入居庸关。

这时，京师各衙门官员都来迎驾。在居庸关举行了隆重盛大的仪式。参加这次欢迎仪式的中外文武群臣和百姓竟达100多万人。由此可以看出，居庸关在当时是非常繁华的。

阅读链接

在我国，居庸关与紫荆关、倒马关、固关并称明朝京西四大名关。

后来，明朝为加大京师的防御纵深，分别又以雁门、宁武、偏关为"外三关"，以居庸、紫荆、倒马为"内三关"，构成两道长城防线，占燕山、军都山、太行山以及恒山、管涔山、吕梁山之地利，勘制了主要的歼敌战场。

这种防御布势，不仅着眼于敌人从正面，即蓟州、宣府、大同方向的进攻，而且考虑了敌人取陕、晋实施战略迂回的可能，筹谋是比较缜密的。

明代景泰年间的关城扩建

历史上，自从徐达将军指挥人员在居庸关建成关城以后，在后来明朝建立的200多年里，一直没有停止对长城的修筑和加强长城的防务。其工程之大，耗资之巨，在我国历史上是独一无二的。

作为长城重要关隘的居庸关，当然也在明朝时得到了大幅度的发展，并且，明朝对居庸关较大的一次修建是在景泰初年。

居庸关长城瓮城

■ 居庸关碑刻

　　当时，正是"土木之变"以后，兵部尚书于谦奏明皇上：居庸关为京师之门户，宜亟守备，以金都御使王镇守重修居庸关。

　　这次所修的居庸关城垣，是在徐达、许廓所修关城基础上的又一次扩建。此项工程于景泰六年，也就是1455年才完工。

　　经过这次修建，居庸关城的建制达到了最完备的程度。不仅加固了关城，设水陆两道门，关城之内还设有衙署、书馆、庙宇、粮仓、神机库等各种相关的建筑设施。此外，在南北关门外，还分别筑有瓮城。

　　这些新建的建筑，有很多一直保留至今，其中，南关瓮城、北关瓮城、贯穿关城的水门、关城内仓储，以及关城内外的国计坊、表忠祠、迎恩坊、城隍庙和戏台等成为居庸关最著名的几个建筑。

　　居庸关南瓮城也称南月城，呈半圆形，面积2500

兵部尚书 我国古代官名。别称为大司马，是我国古代统管全国军事的行政长官，明代正二品，清代从一品。曹魏时置五兵尚书，隋唐始设兵部，成为六部之一。明代兵部尚书称本兵，既管军政，又管战略，威权极大。

长城的关隘

■ 雄伟高耸的关楼

女墙 在古代时也叫女儿墙，包含着窥视之意，是仿照女子"睥睨"之形态，在城墙上筑起的墙垛。特指房屋外墙高出屋面的矮墙。主要作用除维护安全外，亦会在低处施作防水压砖收头，以避免防水层渗水，或是屋顶雨水漫流。

余平方米，城墙高4米。城台外缘砌垛口，内侧砌女墙。此处是古代盘查过关行人和商贾货物的地方。

瓮城西侧有券门洞一孔，门洞上有闸楼，在此门道路后的南侧，有一块迎恩牌坊。

瓮城东侧有能登上城台的通道，通道顶有登城房。登城房北有连通东山长城的通道口。

在弧形瓮城城台上设有炮台，陈列着明代古灯，外墙有垛口，内侧墙低矮无垛口。

作战时可将敌人诱入瓮城，主城关闭阻其入城，再放瓮城闸门，敌人就被困在瓮城里，只能束手就擒，有"瓮中捉鳖"之意，因此得名瓮城。在瓮城之中建有一座福佑关城的关王庙。

瓮城北侧为主城台，城台上建有高大的三重檐城楼，也称关楼，是居庸关最高大的单体建筑。

关楼为南北向，自地面计算高达31.8米。城楼南北两侧各挂有一块白底黑字巨匾，宽5米，高1.5米，上书"天下第一雄关"，据说，此名出自清代旅行家钱良择的《塞外纪略》一书。

关楼下方主城台有通向关城内部、云台以及通往北关城楼的道路。

在关楼下的门洞上方有石匾一块，楷书"居庸关"3个大字，并刻有"景泰伍年捌月吉日立"题记。这里的"景泰伍年"便是1454年。

居庸关北关瓮城与南关作用相同，呈长方形的瓮城上设有炮台，瓮城城门朝向北侧，北瓮城中建有北方镇守大神真武庙，庙内供有12生肖神。

在居庸关南瓮城和北瓮城城墙之上，分别还陈列着5门古炮。

南瓮城陈列"大将军铁炮"2门，长1.7米，炮口口径8厘米；"竹节铁炮"3门，长1.7米，炮口口径15厘米。

■ 居庸关内关王庙

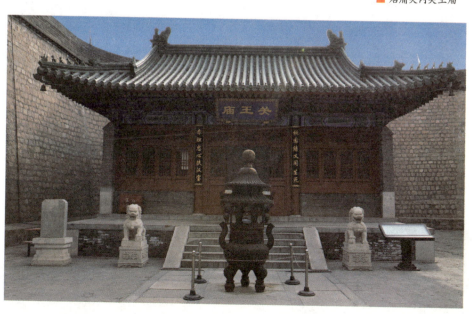

北瓮城陈列"大将军铁炮"2门，分别长1.77米和1.79米，炮口口径7厘米；"竹节铁炮"3门，长分别为1.08米、1.5米、1.7米，炮口口径为14厘米和8厘米。

居庸关南瓮城至北瓮城相距650米。东山山顶至西山山顶直线距离约1.1千米。长城向内周围面积50平方千米左右。

北瓮城建有千斤闸，南关水门设有水闸。在关城以外，东北、西北、东南、西南方向建有烽燧。翠屏山长城北端凿有"劈山墙"。

居庸关长城东侧"九仙庙沟"、西侧"羊台子沟"、西北侧"小西沟"、东北侧"劈山沟"、西南侧"马神庙沟"连通南北城和南北水门共8条防御沟路。

居庸关的水关建在长城与河道交叉之处，是一座有双孔圆拱水门，水门上有闸楼，内设水闸，借此控制门内外水量，洪水季节打开闸口，泄洪，枯水季节，储备河水供关城使用。水门桥墩为南北尖状，以利于减少洪水对水门的作用力，起到了防止毁坏、延长使用时间的作用。

■居庸关国计坊牌楼

此外，居庸关的仓储包括永丰仓和丰裕仓等，都是明代囤积军用粮草的场所。

旧时关城与水路河流相连，军用粮草由水路糟运到关城，查收后，屯入仓储。最多时，仓储内要囤积1.4万兵马近一年的粮草。

以永丰、丰裕两仓为中心，山前峪中遍布粮仓、草场，借此防备敌军长时间围城，阻断粮路。

国计坊是由南关进入长城的第一座牌坊，取名"国计"是指国之大计所在。

古时建此牌坊，意在警示居庸关是北拒强敌、南卫都城的关口，是国事军务的重中之重，国家大计所在，也是关城重要性的象征建筑。

表忠祠位于居庸关关城内西南侧，建筑面积159平方米。有正殿3间、左右配殿各3间、大门一座，它们均为布瓦屋面起脊样式。

表忠祠是为纪念明朝副都御史罗通而建。

■ 居庸关庙宇一角

罗通，字学古，江西吉水人。1449年，奉命镇守居庸关。同年十月，元兵3万多人，攻打居庸关，罗通身先士卒，冒死据守。

关城西南城墙被敌攻破，罗通命人用布帐围起来，用水浇注为冰，阻止敌人进入。敌人攻城7日未曾取胜，又转攻紫荆关，罗通率兵追击，敌人北逃。

因抗敌有功，罗通被升为右都御史加太子少保。后建表忠祠，春秋祭祀。

表忠祠正殿座是罗通和其夫人塑像，两侧为侍卫。南配殿正中泥塑张钦像。

张钦，明代顺天府通州人。任贵州道监察御史。1517年巡查居庸关。当年农历八月，武宗皇帝欲出居庸关狩猎。张钦为保皇帝安全，关闭关门阻止皇帝出关北上，并3次进谏陈述理由。几经周折，武宗皇帝还是出了居庸关。

张钦对武宗皇帝忠爱，武宗皇帝听从忠谏，君仁臣直成为美谈，张钦后升为工部右侍郎。

迎恩坊位于关城南侧，四柱三楼。黑琉璃瓦面，柱子用花岗岩石制成，彩画成铁红色。

迎恩坊是建在关城南门外不远处的一座牌坊，在

副都御史 都御史为御史的一种。古代朝廷设有专门行使监督职权的机构"都察院"，都御史即为都察院的长官。都御史职专纠劾百司，辨明冤枉，提督各道，为天子耳目风纪的职务。为都察院左右都御史的副职，亦分左右，正三品。

其旁边还有一座凉亭，与牌坊成为一体。

取名迎恩是指每一次守关将士作战胜利都会上报朝廷，皇帝会派遣使者，带着奖赏的圣旨和金钱酒肉到关城慰问战士，以示奖励。

守关大将要在此地摆香案供桌迎接圣旨和传圣旨官，牌坊因此得名迎恩。

城隍庙位于关城内，是我国城隍庙中地位较高的一座城隍庙宇，也是居庸关长城内规模最大的一座庙宇。

城隍庙建筑规制为：正殿3间，寝殿3间，庙门3间，戏台3间。以上建筑的屋面为黑琉璃瓦黄剪边。

东、西配殿各3间，建筑屋面为黑琉璃瓦绿剪边，城隍庙建筑为砖木结构，正殿为起脊歇山形式。配殿和庙门为硬山形式，墙体为小青转磨砖细砌，彩画为旋子大点金形式，建筑面积538平方米。

城隍庙殿内陈设：正殿正中主神台塑"居庸关都城隍"一尊，威武庄严，高达3米。城隍两侧各一尊仕女。身前两侧分别为文、武大臣。

正殿两山神台塑坐姿判官4名。分别是：掌刑判

太子少保 我国古代宫廷的东宫官职名，专门负责教习太子。太子太师教文，太子太傅教武，太子太保保护其安全。太子少师、太子少傅、太子少保均是他们的副职，明、清为正二品。历史上，这类职务一般作为一种荣誉性的官衔加给重臣近臣。

■ 城隍庙武将雕塑

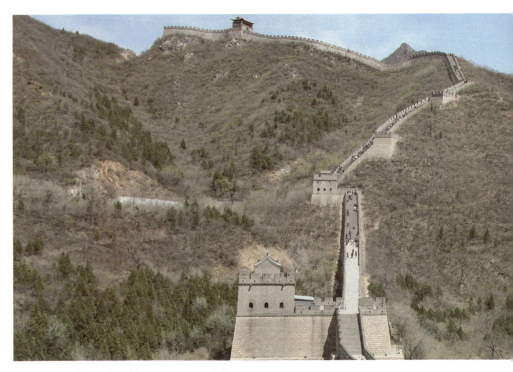

■ 长城远景

官署衙门 简称衙门。我国古代的官吏办理政务的地方。衙门是由"牙门"转化而来的。衙门的别称是六扇门。猛兽的利牙，古时常用来象征武力。"牙门"系古代军事用语，是军旅营门的别称。当时王者打天下，特别器重军事将领。军事长官以此为荣，往往将猛兽的爪、牙置于办公处。于是，营门也被形象地称作"牙门"。

官、掌生死判官、掌善判官、掌恶判官。

4个山墙角，塑有站姿"牛头""马面""黑无常""白无常"。正殿内墙壁绘有壁画，它们是"十善图""禹门图""十八司""双龙图""皂隶图"，正殿挂匾4块。

城隍头顶，为"浩然正气"匾。该匾长2.55米，门额挂"城隍殿"斗字匾。寝殿中房塑着便装城隍和城隍夫人。两侧分别为卧房和书房。

两配殿为"阎王殿"。配殿内墙壁绘有"龙图"和"十八层地狱图"。

山神庙塑有山神和山神夫人。土地庙塑有土地神和土地夫人。两庙内绘有"二十四孝"壁画和两幅山水壁画。

庙门内，塑马将军像一尊、白龙马一匹、轿夫像

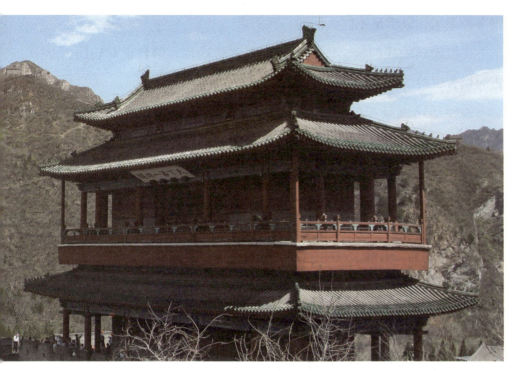

两尊。庙门内安置轿子一顶。墙面绘"城隍出巡图"和"回銮图"两幅。庙门外安放石狮一对。

城隍发轫于古代水墉，早期是城墙护城河神化的产物，属自然神。随着城市的建立和发展，城隍神逐渐演化成社会神。

城隍神原型在我国出现可追溯至距今五六千年的新石器时代晚期。明代由于朱元璋封天下城隍和完善祭祀城隍制度，城隍信仰达到了鼎盛时期。

每月的初一、十五入庙进香；新官上任要向城隍报到；城隍、城隍夫人生日，演戏祝寿。清明、七月十五、十月初一抬城隍木像出巡。每次祭祀活动，参与人数众多，尤其是"三巡会""城隍诞会""求雨求晴"等。

明代以后，城隍庙仿人间官署衙门样式而建。庙

清明 我国民间传统节日，是重要的"八节"之一。"八节"即上元、清明、立夏、端午、中元、中秋、冬至、除夕，一般是在公历4月5号前后，节期很长，有10日前、8日后及10日前、10日后两种说法，这近20天内均属清明节。清明节的起源，据传始于古代帝王将相"墓祭"之补。后来民间亦仿效，于此日祭祖扫墓，历代沿袭，成了中华民族一个固定的风俗。

则多神杂居，以满足不同人们的心理需求。

在城隍庙的庙门前，便是一坐南朝北的戏台，前台正对庙门，是古时供香悦神的地方。

每年适逢大祭祀的时候，人们都会在庙前戏台上摆放香案。而后，演出戏曲，取悦神仙，古时百姓希望通过这样的活动求得城隍对关城的保佑。

在明朝时，经过景泰年间的大规模修建以后，居庸关的范围还分为5道防线：北面有岔道城、八达岭、上关城，南面有南口，加之居庸关关城，合为5道防线。为此，居庸关在军事防御方面也达到了最完备的程度。

明朝中期以后，明朝的军事防御重点转移到山海关一带，居庸关的军事地位开始下降。清朝时期，尤其是晚清以后，居庸关的军事地位进一步下降，逐渐成为一个历史遗迹。

阅读链接

明代是我国古代大炮铸造和使用最兴盛时期。元朝末年，朱元璋起义，和州人焦立向他呈献十支新式武器"火铳"。用火药发射铁弹丸，当时称为"火龙枪"。明朝建立以后，专门设有兵仗军器局，研制铸造大炮。

当时，大炮被称为"神威大将军"。在军队中，设有使用大炮的军机营。京城卫戍，长城关口要冲，配备神机营。

明成祖时，下令在长城沿线安置大炮，还有"佛郎机""神枪""铁铳"等。到了明代中叶，大炮的铸造工业越来越精良，制造出的"红夷大炮"长二丈有余，重3000斤。发之洞裂石城，声震数十里。这种大炮，有照门和准星用于瞄准。射程可达500多米。

中华人民共和国成立以后，在修复居庸关北关城时，考古学家发掘出土石炮弹23枚，最大直径为15厘米，铁炮弹6枚，最大直径5厘米。

娘子关

娘子关又名苇泽关，在河北、山西两省交界处，是两省的咽喉要地。山西人把娘子关内外作为省内外的标志，因此，它也有"三晋门户"的称号。

娘子关是长城的著名关隘，有"万里长城第九关"之称，为历代兵家必争之地。

娘子关后来的关城是明代嘉靖年间所建。古城堡依山傍水，居高临下。作为"三晋门户"，娘子关的地理位置、关名由来及历史沿革一直是人们关注的话题。

因"娘子军"而命名的关隘

　　隋朝末年，天下大乱，在太原地区当太守的李渊起兵，希望建立一个新的王朝。

　　这时，李渊的第三个女儿李三娘及女婿柴绍还在京城长安，李渊

娘子关牌楼

的第二个儿子李世民便写密信让柴绍速赴河东。

临行前，柴绍对妻子说："岳父举兵，让我前去。我想同你一起去，怕途中多有不便。要是留你在这里，又怕有危险，怎么办呢？"

李三娘听罢答道："你只管快走，我这里自有办法，请你不要牵挂！"

柴绍赶赴太原以后，李三娘就悄悄离开长安，在长安附近丈夫的家乡户县住下。

当时，李三娘听说当地庄稼歉收，民众饥饿，她便将丈夫家的家产变卖，并买了粮食，救济百姓。

随后，李三娘便以护寨守院为名招募了一批兵丁，组成了一支队伍。她还嫌队伍弱小，又前往山中说服匪寇，组成了一支义军。因为这支部队是由李三娘组建的，所以人们称这支部队为"娘子军"。

不久，李三娘和自己的娘子军一起攻下户县，占

河东 指的是山西。因黄河流经山西省的西南境，则山西在黄河以东，故这块地方古称河东。秦汉时指河东郡地，在今山西运城、临汾一带。唐代以后泛指山西。河东地区是中华民族的发源地，以及华夏文明的摇篮。传说中"尧都平阳，舜都蒲坂，禹都安邑"，都在这块土地上。

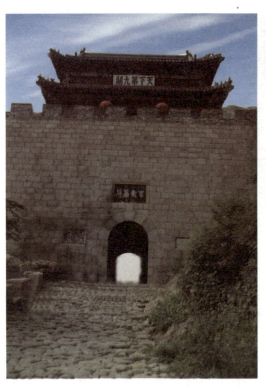

■ 娘子关古城楼

太行山 又名五行山、王母山、女娲山。我国东部地区的重要山脉和地理分界线。耸于北京、河北、山西、河南4省之间。太行山北起北京西山，南达豫北黄河北崖，西接山西高原，东临华北平原，绵延400余千米，为山西东部、东南部与河北、河南两省的天然界山。

领周至，进而沿渭河西进，又拿下了武功、始平等县。3个月后，李三娘手下的娘子军已经有了7万人。

617年，李渊主力渡过黄河，才知道女儿已在关中为他打下一大片地盘。李三娘挑选了1万多精兵与李世民会师渭河北岸，共同攻打长安。

会师后，柴绍终于和李三娘相见，从此，柴绍夫妇跟随李渊，南征北战，为大唐开国立下汗马功劳。

唐朝建立后，因为夫君柴绍是平阳人，所以，李三娘被李渊封为平阳公主。

这时，大唐虽然建立，但是，李渊只是大致控制了半个关中，他的四周都是敌人。为此，他派出平阳公主防守李家的大本营山西，驻扎在山西省平定县东北的绵山上。

山西是中原和关中地区的屏障，无山西，则中原和关中不稳，而定县东北的绵山上便是出入山西的咽喉要道，平阳公主率军驻守在这里，目的就是防止敌人从这里进入山西。

平阳公主和她的娘子军驻守的这个关隘，原名为苇泽关，当娘子军到达这里后，又对这里进行了重建。因平阳公主率数万"娘子军"驻守于此，于是人们将此地重新命名为"娘子关"。

据说，平阳公主驻守在此地以后，雄关固若金汤，威慑敌人不敢跨越太行山一步。而山西的娘子关也因为有了平阳公主的娘子军的驻守而更加出名了。

娘子关城筑在绵山山腰，背依陡崖，下临峻谷，形势非常险要。

娘子关的重要性，同隔山相对的井陉关相似，在于控制太行第五陉井，但也有其独特性。滹沱河支流绵河从娘子关城西北流出，在关下穿过井陉，东流至河北平原中部。

井陉是晋中和冀中地区之间最便捷的通道，娘子关依山靠河，居于井陉西口，这种形势使它既成了三晋门户，又成为京畿藩屏，对保障山西和北京城的安全起着重要作用。

当然，在历史上，这座原名为苇泽关的关隘早就已经存在了，据说，它最早是战国时期中山国所建长城的关口之一，唐朝派娘子军驻

■ 娘子关古城楼

守这里以后，又在此地设立了承天军戍守处，从767年至779年，平阳公主又带领娘子军们在此地修建了"承天军城"。

到宋代时，宋代朝廷又在此地建"承天寨"。

不过，娘子关之名的最早文字记录却是在金朝末期的古籍中出现的，当时，著名诗人元好问在他的《游承天悬泉》中写有"娘子关头更奇崛"之句。这是娘子关第一次出现在古籍中。

但尽管如此，在娘子关的附近，娘子关人始终以平阳公主为傲，并且，当地的人们也一直保留着许多与平阳公主有关的历史遗迹和动人传说。

这些动人的传说中，最著名的一个，当属"米汤退敌兵"。

据说，平阳公主率领娘子军驻扎娘子关之后，凭借天险，修筑工事，严密布防，不给敌人可乘之机。

■ 娘子关匾额

有一次，自称汉东王的刘黑闼部大举进攻娘子关，平阳公主眼见敌人来势凶猛，一面向太原告急，一面开始指挥娘子军与居民严防死守。由于娘子关内军队兵力不足，娘子关的情况十分危险。

面对数倍于己的军队，平阳公主心急如焚，在城楼上焦急地踱着步子想着主意，同时极目远眺，等待着援军到来。

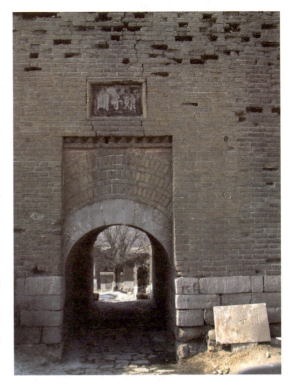

■ 娘子关遗迹

忽然，她无意中看见远处田野上丰收在望的谷子，顿时急中生智，计上心来，于是，她下令城内军民立即收割、架锅，用新米熬制米汤，米汤熬好后，平阳公主又令部众乘夜色从关上全部倒入关前沟壑中。

第二天，娘子关前沟壑中米汤横溢，敌人哨兵发现后，疑为马尿，急忙报告主帅。刘黑闼部的主帅出帐观望，只见城楼上旌旗招展，军民喊声震天，战鼓擂动，便错误地判断援兵已到，由于害怕中了埋伏，最终不战而退。

当刘黑闼部得知此乃平阳公主的疑兵之计时，太原的援兵已到，他们只能望城兴叹了。

平阳公主的机智勇敢为她赢得了后人的尊敬和推

扬州八怪 清代活动于扬州地区的一批风格相近的书画家的总称，他们也称扬州画派。"扬州八怪"有8人，他们是金农、罗聘、李方膺、李鱓、黄慎、郑燮、高翔和汪士慎。扬州八怪多数出身于中下知识阶层，他们或生长于扬州，或为外省来此侨居，在扬州繁华的书画市场上出卖自己的书画作品。

长城的关隘

元帅 在我国，汉语中。元帅，一词最早出现在公元前633年的春秋时期，其名源于《左传·僖公二十七年》所载晋文公的"谋元帅"，晋国名将先轸在城濮之战与崤之战中屡立战功，成为我国历史上第一位有元帅头衔并有着元帅战绩的军事统帅。从南北朝起，元帅逐渐成为战时统军征战的官职名称。

崇。后来，人们为了纪念这位可敬的公主，便在娘子关城堡东门约300米处，修建了一座妒女祠。

不过，随着岁月的流逝，妒女祠早已经不复存在。但值得一提的是清代"扬州八怪"之一的金农，当年曾云游到娘子关的妒女祠，并为这座祠作了一首《平定道中》，诗写道：

雨后春流泻黛脂，李涯作颂托微辞。
行人饮马来偷见，一阵花飞妒女祠。

此外，在娘子关一带，除了这座妒女祠，还有另外一些和平阳公主以及她的娘子军相关的重要遗迹，这些遗迹包括宿将台、水帘洞、娘子关瀑布、石头水潭等。

其中，宿将台在娘子关东门里，是一处砖砌的高台，相传，这里是平阳公主的点将台。

■ 娘子关城楼雄姿

据说，平阳公主在娘子关任元帅期间，表现非常勇敢，常常身不离鞍，手不离刀，是我国历史上有名的女中英豪。

登上宿将台，天地寥廓，顿觉心旷神怡。凭栏眺望，或远望苍山巍巍，或俯视大河滔滔，水光山色与古老的娘子关城堡相映成趣，有明有暗，若浓若淡，宛如进入一幅水粉描绘的山水风景画中。

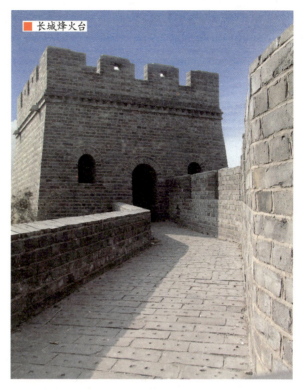
■ 长城烽火台

水帘洞瀑布位于娘子关城东门东南方向的500米处。飞瀑奔泻，悬流百尺，散缕似珠，山城沟谷中泉眼累累。当地人称为"海眼"的悬泉，是众泉眼中最大的一个。瀑布落差30余米，宽10多米，"海眼"泉水翻滚，激起层层白色浪花，响声震耳。

平地涌出的泉水，从"海眼"旁边的峭壁上直泻而下，汇入桃河，形成水帘洞瀑布。

娘子关瀑布也名飞泉，位于娘子关城堡东门附近约300米的妒女祠下，瀑布宽6.5米，落差40米。因临娘子关而得名。它是泽发水的源头，人称水帘洞，山坡谷中泉眼累累，形成悬泉。

明代文人乔宇有《瀑布泉诗》，这样咏此泉瀑景观：

回头形势接绵山，为看悬泉数往还。

石乳下通沧海底，浪花高叠翠峰闲。

娘子关遗迹上的石头水潭在娘子关后的大山上，是一个被人们称为"洗脸盆"的地方。

这个洗脸盆实际上是一个石头水潭，它位于光滑的青石板上，有一个直径10厘米、深30厘米的泉眼。石头水潭的泉水清澈，旱年不干涸，涝年不外溢，水位常年保持在小水潭的六分之五处。据说平阳公主当年常在这里洗脸梳头，所以后人称之为洗脸盆。

有人把泉眼里的水舀完后，清清的泉水又从底部神奇地自然冒出，直至水满为止。

阅读链接

虽然很多人认为，娘子关这一名字的由来是和平阳公主的娘子军有关，但是，在娘子关附近，人们还有另一种说法，认为这座关隘的取名和春秋时晋国介子推的妹妹介山氏有关。

据说，在春秋时期，晋国发生内乱，晋献公之子重耳被迫出走。一次，重耳非常饿，他的随从介子推便把自己的肉割给重耳吃，使重耳活了下来。

后来，重耳终于成为晋国的国君。重耳想找介子推，好报答他。此时，介子推已经隐居到绵山。

重耳便来到绵山。但介子推只想在绵山上守护母亲，而不见重耳。重耳便下令烧山逼其出来。火灭后，重耳发现介子推和其母亲已经死去。

重耳为了纪念介子推，便下令以后在这天全国禁烟以悼念这位忠臣孝子，我国寒食节就这样传了下来。

后来，介子推的妹妹介山氏认为，寒食节不准生火的习俗会殃及百姓，便在第二年的寒食节在绵山上用火自杀了。人们为了纪念介山氏，便把这里称为"娘子关"。

明嘉靖年间重建娘子关

历史上，著名的娘子关同其他关隘一样，也是屡毁屡建，最后一次重建是在明代的嘉靖年间。

当时，明朝的国都是北京城。此时，北方游牧民族骑兵屡入山西，时刻向东威胁着明朝京畿大门。这时，苦心经营的娘子关已不再是为了防东，而是为了防西，即防止敌人从山西经井陉侵入京畿。

为此，明代把宋朝命名的承天寨改为承天镇，并正式使用娘子关之名。

明嘉靖年间，正是大力修建"九边十三镇"防御体系的时期，到1542年时，正是修筑昌平镇防御的阶段，而娘子关城堡也属于昌平镇管辖的内边防御之内，为此，在这一年，娘子关城堡便顺利地得以重建。

重建的娘子关城堡，背依高接云天的嵯峨绵山，面临涧壁如削的万丈深谷，桃河环绕其西北，曲折奔流。关隘依山傍水，居高临下，有"一夫当关，万夫莫开"的气势。

这座著名的娘子关城堡一直保存至今，城堡有东、南关门两座以及长650米的城墙。

城堡的东城门是砖券城门，也就是门洞，又称外城门，雄伟坚固，门洞上方镌刻"直隶娘子关"5个大字。

东城门的上面有一个平台，是为检阅士兵、瞭望敌情而修建。后来，人们在平台上修起城楼。城楼蔚

■ 娘子关古城楼

为壮观，站在城楼上，关外著名的燕赵古道，蜿蜒起伏，尽收眼底。

城堡的南城门，也称内城门，下面是砖券，上面是门楼，门楼复檐悬有"天下第九关"匾额。

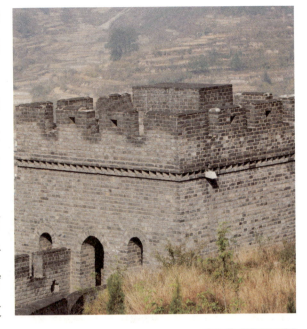

整座南城门雄伟高大，气势壮观。城楼建于门洞之上。城门上的"宿将楼"依然巍然屹立，这便是平阳公主聚将御敌之所。在门洞上方，刻着"京畿藩屏"4个大字，显示着娘子关在战略防御上的重要战略地位。

此外，关城内还有关帝庙、真武阁等古迹，街道、民宅仍保持着唐代风貌，居民多为明清时期的"军户"后裔。

在娘子关城堡的两翼，是雄伟的万里长城。这里的长城依山势蜿蜒，和娘子关浑然一体，甚是壮观。

当年，这座城堡修成后，明朝朝廷又专设守备力量，让娘子关易守难攻，使敌军不敢轻易向此处进犯，从而保持了明京畿南部的一时安定。

另外，在娘子关，除了这座著名的城堡和城墙，在娘子关的关下，还有一个依山而建的娘子关村庄，村民顺水而居，房舍多为石头垒砌，每间房屋都有百年以上的历史。

■ 娘子关长城古韵

直隶 指旧省名。宋制，地方行政机构，其直属京师者称直隶。元不属诸路及宣慰司或行省的府县，亦称直隶。明、清不属府而直属布政司的州称直隶州。特指今河北省。

■ 娘子关模型

石磨 用于把米、麦、豆等粮食加工成粉、浆的一种机械。在古代，我国古人对粮食进行加工，刚开始是用人力或畜力，到了晋代，我国发明用水作动力的水磨。通常由两个圆石做成。磨是平面的两层，两层的接合处都有纹理，粮食从上方的孔进入两层中间，沿着纹理向外运移，在滚动过两层面时被磨碎，形成粉末。

在这个村落里，水网似的溪水沿着墙基穿房过户，村中的妇女在各自家门口洗衣洗菜。水从石槽流过，又淌进一个个阶梯式的圆形石臼，之后不知在什么地方消失了。

村里人打开院内的井盖，弯下腰就能从里面拎起一桶荡着水花的河水。有的村民在自家的院中修建小桥自娱自乐，让溪水沿着院子转。

在村里的普通人家，随处可见这样的情景：头顶上葡萄架，桥边石桌石凳，夜晚有流淌的水声相伴，观花赏月，世外桃源之感油然而生。

水给了村子灵气，形成了"人在水上走，水在屋下流"的人间美景。位于村东的葡萄院是最具代表性的水上人家之一，因院内种有一棵树龄超过70年的葡萄树而得名，苇泽关泉水从小院中流过。

每到盛夏，小院内上有浓浓的绿荫，下有清澈的泉水，再加上精制的石凳、假山、小桥，共同构成了一派宜人的江南水乡风光。

娘子关村中有24台大石磨，人们很远就能听到大石磨轰隆隆的响声。在河水的推动下，大石磨日夜不停地转动。周围十里八村的人都赶着牲口来村里磨米磨面。

同时，村中家家户户都有自制的水动石磨，加工粮食根本不用出户，更少了一份推碾转磨的辛苦。为了便于寻找，各家的大门上都刻有一号磨、二号磨……根据磨的编号寻找人，准能顺利找到。

穿过娘子关村的是一条古时称为"兴隆街"的明清古道。从古道那些依旧保持古风古韵的民居建筑和青石板路上的坑洼，仍能读出它久远的历史。

精明的娘子关村人靠着24台大磨加工粮食，沿

京畿　该词用于汉字文化圈国家中，大都受到汉化影响，其本来的意思是国都和国都周围的地方。"京畿"一词出现于我国唐朝，当时将唐长安城周边地区分为京县和畿县，京城所管辖的县为赤县，京城的旁邑为畿县，统称京畿。我国唐时有京畿道，宋时有京畿路。

■ 娘子关城楼模型

街开店设铺，迎接四面八方的客人。买卖人家的门楣写有"招财进宝""财源茂盛"等吉祥话，词句通俗易懂，透着一份朴实，这正是晋中生意人的特点。

娘子关村的民居虽说都是石头垒砌，但从宽窄、大小、高低、先后上，还是能够分出各家的财力。

居住在这里的村民大多数是商贾后代，也有守关将士的后代，故留下了胡、杨、马等几个大姓。

其中，胡家的祖宅远非相邻的民居可比。它门楼宽大，护墙石块上雕有各种吉祥图案，门前的一对石狮非常气派。这所宅院没有山西有钱人家民宅那样的宽阔，但照壁、耳房、厢房等一应俱全，尤其是砖雕极其精美、细腻。

阅读链接

娘子关作为战略要地，只要华北有战事，就为兵家所必争。在日本帝国主义侵华战争时期，娘子关曾再度发挥防守的作用。

1937年10月，日本侵略军占领了华北大片土地后，原来极想从平型关侵入山西占领太原，不料受到八路军的沉重打击。

三年后，八路军进行了举世闻名的百团大战，娘子关也曾成为战场。当时，晋察冀军区派10个团兵力击破日军占领的正太线，破坏重点为娘子关至平定路段。八路军主力攻入娘子关，打击了日军的疯狂气焰。

中华人民共和国成立后，娘子关的军事意义退居其次，旅游价值开始突显。在当地人民政府及有关部门的关心和大力支持下，这座著名的军事要塞成为著名的旅游景点，给当地人民带来了丰厚的经济效益。

文人雅士为娘子关留下佳作

娘子关地处晋冀要路，这里历史悠久，古迹众多；上关旁太行苍莽，古关崔巍，绿水如带，飞瀑泻玉。

历代文人墨客至此，或伫立城头，看碧空闲云，听空山鸟语，凭吊烽烟历尽的古战场；或步入峡谷，嬉戏碧波，赏玩悬瀑，领略大自然的无限魅力。

娘子关城墙遗迹

娘子关秀丽的山水融雄浑的北疆风光与清秀的南国水韵为一体，激发了那些前来游览的雅士的创作灵感。于是，一篇篇千古华章就此而生。

首先，为娘子关留下佳作的是宋代的文学家李俊民，在他的《庄靖集》里曾经收了一首写娘

■ 娘子关

子关瀑布的诗，诗名为《水帘洞》。诗中写道：

倒倾蛟室泻琼瑰，派落空岩雪浪堆。
卷地风姨收不住，素娥垂下玉钩来。

在文人的笔下，娘子关瀑布更有韵味，它仿佛是倒悬于悬崖绝壁上，仿佛是素娥不小心垂下的玉钩。

之后，金代大诗人元好问在晚年游览娘子关时，也特别写下了一首赞美水帘洞瀑布的长诗《游承天悬泉》。诗中写道：

诗人爱山爱彻骨，十月重来犯冰雪。
悬流百里行不前，但觉飞湍醒毛发。
闲闲老仙仙去久，石壁姓名苔藓滑。

素娥 古代对月亮的别称。在传说中亦是月中女神，即嫦娥。月亮夜行于天，明而有光，普照大地，时圆时缺，缺而复圆，盈亏更替，周而复始，于是，古人便对月亮有了以下一些别称：夜光、孤光、夜明、玄度、玄晖、玄烛、素晖、晖素、素影、宵晖、皓彩、圆光、圆景、圆影、圆缺、清晖等。

此翁可是六一翁，四十三年如电抹。

并州之山水所㳠，骇浪几轰山石裂。

只知晋阳城西天下稀，娘子关头更奇崛。

　　在这首《游承天悬泉》长诗里，作为一个"六一翁"，元好问极力歌颂了娘子关水帘洞瀑布的声势浩大，他感到并州之山为水所㳠，奔流而下的瀑布似乎可以轰裂山石。

　　当然，娘子关之美，不仅仅在娘子关的瀑布，娘子关关隘本身也是一道亮丽的风景。为此，明朝著名文学家、史学家王世贞为这座关隘写了一首诗名为《娘子关》的诗。诗中写道：

夫人城北走降氏，娘子关前高义旗。

今日关头成独笑，可无巾帼赠男儿。

　　平阳公主与娘子关的联系是紧密的，她驻守娘子关期间表现的勇敢为她赢得了后人的尊敬和推崇。

长城鸟瞰图

作为史学家，王世贞看到娘子关，自然就联想到娘子关历史上那位赫赫有名的平阳公主。在诗中，王世贞表达了对平阳公主的敬意，并发出古关虽在，巾帼已无的感慨。

到了清代，著名清代官员王祖庚游览过娘子关之后，也为这座关隘写下了一首《娘子关》。诗中这样写道：

娘子军容讲武台，雄关崾岘倚山偎。

城临苇泽湍流急，寨望承天曙色开。

寻到源头飞瀑雨，坐来树底绝尘埃。

圣朝休养干戈息，郑国渠边沃草莱。

王祖庚是一个爱民如子的清官，他看气势磅礴的娘子关瀑布，首先想到的是灌溉，想到的是干戈息，人民幸福。

悠悠娘子关，有写不尽的诗。这些作品，不仅可作为了解娘子关历史的参考资料，还可为观赏娘子关大好风光的游客增添雅兴。

阅读链接

话说，为娘子关写诗的王世贞生活在一个动荡的年代。一次偶然的机会，王世贞应邀到娘子关游览，拜谒了妒女神祠。

同时，他还读了唐大历年间，由上柱国、游击将军李翬撰写的《妒女颂并序》碑文，读完后，王世贞觉得妒女是一位超凡脱俗的人间美神。

后来，王世贞又联想到金代文学家元好问的《游承天悬泉》诗中的名句，他伫立娘子关城头，看到内忧外患的大明王朝，思绪万千，期盼出现一个像妒女一样的人来，一改社会之沉闷，于是偶感而发，用史学家的眼光写下了《娘子关》这首诗。